高校学生工作实践与探索

GAOXIAO XUESHENG GONGZUO SHIJIAN YU TANSUO

吴信萧◎著

河海大学出版社
HOHAI UNIVERSITY PRESS
·南京·

图书在版编目(CIP)数据

高校学生工作实践与探索 / 吴信蕾著. -- 南京 :
河海大学出版社,2021.12(2023.4 重印)
ISBN 978-7-5630-7361-0

Ⅰ. ①高… Ⅱ. ①吴… Ⅲ. ①高等学校—学生工作—
研究 Ⅳ. ①G645.5

中国版本图书馆 CIP 数据核字(2021)第 280623 号

书　　名	高校学生工作实践与探索
书　　号	ISBN 978-7-5630-7361-0
责任编辑	杜文渊
特约校对	李　浪　杜彩平
装帧设计	徐娟娟
出版发行	河海大学出版社
地　　址	南京市西康路 1 号(邮编:210098)
电　　话	(025)83737852(总编室) (025)83722833(营销部)
经　　销	江苏省新华发行集团有限公司
排　　版	南京布克文化发展有限公司
印　　刷	广东虎彩云印刷有限公司
开　　本	718 毫米×1000 毫米　1/16
印　　张	9.5
字　　数	150 千字
版　　次	2021 年 12 月第 1 版
印　　次	2023 年 4 月第 2 次印刷
定　　价	56.00 元

作者简介

吴信蕾，女，1980年6月生，江苏徐州人，法学硕士，研究方向：马克思主义理论与思想政治教育。2007年7月进入南京大学电子科学与工程学院工作，担任本科生辅导员。其间，2008年9月至2017年6月担任南京大学电子科学与工程学院团委书记。2012年入选南京大学首期“青年管理骨干海外研修班”，前往美国宾夕法尼亚州立大学研修高校学生事务管理，先后在该校校长办公室、国际学院、工程学院、就业中心、校医院等多部门轮岗实习，同时选修《就业咨询》等博士生课程，全面提升学生工作技能。

从事学生工作13年间，坚守立德树人初心，牢记为党育人为国育才使命，所带集体多次荣获江苏省五四红旗团委共建单位、江苏省优秀班集体、南京大学五四红旗团委、南京大学五四红旗团支部标兵、南京大学优秀基层学生会等荣誉称号；个人多次荣获南京大学巾帼建功标兵、就业奖教金、优秀共青团工作者、就业先进个人、志愿服务先进个人、优秀工会工作者等荣誉。主持江苏省高校哲学社会科学研究基金项目、江苏省高等教育学会高校学生工作研究专项课题各一项，先后参加省级校级课题（思政精品项目）累计七项，参加编写专著一部，公开发表论文十篇。

创新学生管理模式，着重做好家庭经济困难学生帮扶工作，相关经验受江苏省教育厅资助中心肯定，获“学习强国”报道，所撰写文章《逆风向阳的格桑花——我与藏族学生扎西的故事》荣获教育部、共青团中央、中国青年报社等部门主办的第七届“助学·筑梦·铸人”主题活动教师组优秀征文。

前言

党的十八大以来，习近平总书记对青年的思想政治教育做出了很多重要论述。如，“青年一代有理想、有本领、有担当，国家就有前途，民族就有希望”①“青少年阶段是人生的‘拔节育穗期’，最需要精心引导和栽培”②等等。透过这些深沉有力语重心长的论述，以习近平同志为核心的党中央向广大学工干部传递了“为党育人为国育才”的重托。这一重托承载着习近平总书记、承载着党和国家对高校学生工作者的信任、期待和希望，指明了全国高校辅导员队伍肩膀上的重大使命和责任担当。

第一，这项重大使命，是辅导员对党和国家的责任。中国共产党是为民族谋独立，为人民谋幸福，浴血奋战，与人民共存亡的光荣伟大的党。我们的党自诞生之日，就勇于承担“团结和带领中国人民，顽强抗争，艰苦奋斗”的历史重任，勇于承担“为人民创造幸福生活，实现中华民族伟大复兴”的历史使命。我们的国家是伟大的国家。经历风雨洗礼和多重磨难。70余年间，党带领人民在经济、政治、文化、教育等各方面取得令世界瞩目的巨大成就。中国从满目疮痍、贫穷落后逐步走向繁荣富强。如今，中华民族毅然屹立于世界民族之林，全世界的目光聚集在中国。但我们“推进现代化建设，完成祖国统一，维护世界和平与促进共同发展”的三大历

---

① 见《习近平给北京大学援鄂医疗队全体“90后”党员的回信》（新华网，2020年3月16日）。

② 见习近平《用新时代中国特色社会主义思想铸魂育人》（《习近平谈治国理政》第三卷，外文出版社，2020年6月版，第330页）。

史任务还有待完成。作为工作在学生一线的党员同志，辅导员的责任就是“接过历史的接力棒”，为社会主义事业培养优秀的建设者和接班人，“继续为实现中华民族的伟大复兴而努力”。

第二，这项重大使命，是辅导员对高等教育的责任。我们国家的高等教育，是坚持社会主义办学方向的高等教育。在新中国成立以来70年的漫漫历程中，我国高等教育履行人才培养、科学研究、社会服务和文化传承中的职责使命，为革命事业和社会主义建设培育了一代又一代优秀人才。当前，我们身处“全面深化高等教育综合改革，进一步促进教育公平，提高教育质量”的时代背景中。高等学校需要坚持立德树人根本任务，履行好人才培养的职责使命，进一步增强担当精神和责任意识，需要团结和带领全体师生员工谱写实现伟大中国梦的高等教育新篇章。在这一过程中，辅导员的责任就是要坚持立德树人根本任务，“凝魂聚气”，“给学生心灵埋下真善美的种子，引导学生扣好人生第一粒扣子”①，把自己的学生培养成具有共产主义远大理想，坚定中国特色社会主义共同理想，具有正确世界观、人生观、价值观的，思想政治素质过硬、道德情操高尚、知识能力突出的，德智体美全面发展的时代新人。

第三，这项重大使命，是辅导员对学生和家长的责任。“青年兴则国家兴，青年强则国家强。”②青年是祖国的未来，是民族的希望，是家庭的期望，也是辅导员工作的动力源泉。青年的成长成才，承载着千百万个家庭的梦想。在家长心里，孩子通常有着最重要的位置。家长们期盼孩子有优秀的成绩，有稳定的工作，有光明的前程。家长们对孩子们的美好期盼，是辅导员的责任。辅导员要牢记家长的期盼，像爱自己的亲人一样关心和爱护学生，以学生的成长成才为自己工作的出发点和落脚点，用耐心细致的工作，培养学生健全的人格、健康的体魄和良好的心理，帮助他们取得优异的成绩。

---

① 见习近平《用新时代中国特色社会主义思想铸魂育人》(《习近平谈治国理政》第三卷，外文出版社，2020年6月版，第330页)。

② 见习近平《决胜全面建成小康社会，夺取新时代中国特色社会主义伟大胜利——在中国共产党第十九次全国代表大会上的报告》(新华网，2017年10月27日)。

第四，这项重大使命，也是辅导员对自己的责任。辅导员是思想政治教育工作者。我们的首要责任主要业务是大学生思想政治教育。思想政治工作是中国共产党的优良工作传统，是党在革命征程和建设时期取得伟大成就的制胜法宝。我们党在延安建设时期，通过开展轰轰烈烈的思想政治教育活动，将农民教育与生产劳动实践相结合，“以生产养教育，以教育促生产”，开展了声势浩大的大生产运动，不仅解决了陕甘宁边区的实际生产生活困难，还使劳动群众的“思想觉悟和政治热情得以提高”，使党内党外统一了思想，为抗日战争和解放战争的胜利奠定了坚实的物质基础和精神基础。可以说，没有中国共产党，没有中国共产党的思想政治教育工作，就没有我们今天的幸福生活。在我们国家前进、时代变迁的滚滚洪流中，辅导员也许只是社会主义建设事业的一颗小小螺丝钉。但“一人拾柴火不旺，众人拾柴火焰高”，辅导员们只要坚定理想信念，汇聚力量，小小的螺丝钉也可以发挥大作用。

“心有所信，方能行远”。[①] 辅导员必须心存高远的志向，坚持共同的理想，凝聚磅礴的力量，迈向伟大的征程，牢记自己的时代使命和责任担当，“为党育人，为国育才”。辅导员要把自身思想素质建设好，把业务实力建设强，想方设法做好学生思想政治教育工作，努力促进学生成长成才。这样，在不久的将来，学生们一定会在各自的岗位激扬青春，建功立业，一定会胸怀伟大的抱负，实现习近平总书记“在实现中国梦的生动实践中放飞青春梦想，在为人民利益的不懈奋斗中书写人生华章”[②]的期盼和嘱托。

---

① 见《习近平给复旦大学〈共产党宣言〉展示馆党员志愿服务队全体队员的回信》(新华社官方账号，2020 年 6 月 30 日)。

② 见《习近平：在各界青年代表讲座时的讲话》(新华网，2013 年 5 月 4 日)。

目录

新时代高校辅导员如何践行“为党育人，为国育才”的使命担当
——基于习近平总书记“四有好老师”视域

习近平总书记在考察北京师范大学时曾发表重要讲话，勉励广大教师做“有理想信念、有道德情操、有扎实学识、有仁爱之心”的“四有”好老师。高校辅导员作为思政教师，是大学生成长成才的引领者和陪伴者，肩负着“为党育人，为国育才”的历史使命和责任担当，要在“拔节育穗期”的关键时期，帮大学生“扣好人生的第一粒扣子”，为实现“两个一百年”的奋

斗目标，实现中华民族伟大复兴的中国梦而奋斗。为此，笔者从高校辅导员使命担当的历史演变着手，梳理辅导员职责发展脉络，在此基础上，提出新时期如何从“四有好老师”角度践行“为党育人，为国育才”的历史使命，尝试回答“培养什么人”“怎样培养人”“为谁培养人”的根本问题。

一、高校辅导员使命担当的历史演变

辅导员是大学开展学生思想政治教育工作的专门力量，有着近70年的发展历史。早在新中国成立不久的1952年，国家在《关于全国工学院调整方案的报告》中就提出在高校建立“政治辅导员”。1953年，清华大学和北京大学向当时的中央人民政府教育部提出政治辅导员工作试点请求，得到批准，率先建立“政治辅导员制度”。此后，试点范围进一步扩大，全国高校相继建立“辅导员制度”。这一时期，辅导员的主要职责在《关于政治辅导员工作条例》中得到明确规定，即“服务国家政治需要，推进新民主主义教育向社会主义教育的转变”。1966—1977年，由于历史原因，“政治辅导员制度”被取消，思想政治教育工作声誉一度受到严重损毁。直至1978年，国家教委出台文件，在全国高校恢复“辅导员制度”。这一阶段，辅导员队伍面临重建和反思。辅导员工作开始逐步向思想政治教育转变。党和国家在1987年相继出台改进和加强大学生思想政治教育工作的相关文件，但政治辅导员工作定位依旧没有改变。至20世纪90年代，随着改革开放的深入，我国经济快速发展，人民生活水平得到极大改善。但物质文明和精神文明发展不平衡的状况导致高校学生工作出现了一些新情况。加之东欧剧变，社会主义阵营分裂，导致辅导员工作面临巨大挑战。此时，除“思想政治工作”这一核心职责外，心理辅导、职业辅导、帮困助困等逐渐成为辅导员工作的新内容。进入新千年以来，党和国家十分重视大学生思想政治教育工作，分别于2000年、2004年出台加强和改进学校思想政治教育工作的文件，特别是2004年中共中央国务院发布第16号文件，即《关于进一步加强和改进大学生思想政治教育的意见》，拓展了辅导员工作职能，将“帮助学生解决实际问题”，包括资助育人、心理咨询、学业生涯指导、职业生涯规划与就业等，作为高校辅导员重要岗位职责写进文件。2012年，习近平同志当选中共中央总书记。习近平总书记履职以来，高度重视思想政治教育工作，利用众多场合，公开发表《培育和弘扬社会主义核心价值观》《青年要自觉践行社会主义核心价值观》《用新时代中国特色社会主义思想铸魂育人》《发扬五四精神，不负伟大时代》等系列重要讲话，形成“立德树人”“人生第一粒扣子”等重要思想，明确提出思政教师“为党育人，为国育才”的历史使命和责任担当。

进入新世纪，国际形势跌宕起伏。单边主义、极端主义、逆全球化思维在西方世界抬头。特别是2020年，新冠肺炎疫情全球肆虐，部分西方国家炮制政治病毒，无中生有，挑起事端，对中国采取敌对态度。国际环境日趋复杂，高校学生工作面临严峻挑战。在“世界多极化，经济全球化，社会信息化，文化多样化”的时代大背景下，习近平总书记教育思想犹如海上灯塔，为新时期辅导员工作指明方向。

二、辅导员如何践行“为党育人，为国育才”的使命担当

经历一百年的艰苦奋斗，中国共产党带领中国人民经历了“从选择社会主义到开辟中国特色社会主义，再到进入中国特色社会主义新时代的历史进程”。新时代，高校辅导员的“四有”水平直接影响高校育人效果。为此，应着重把握好以下四个方面。

（一）第一、立足“首责主业”，牢记“思想政治”四字，做到“有理想信念”

高校辅导员是负责大学生思想政治教育工作的教师，是大学生成长的领路人，主要职责包括思想引领、党团建设、班风学风建设、心理健康教育、资助管理、职业生涯规划与就业工作以及日常事务管理等。其中，思想引领是核心任务，是辅导员工作的“根”和“魂”。习近平总书记指出“本根不摇则枝叶茂荣”。辅导员必须自觉提高政治素养，坚定政治立场，严

守政治纪律，保持高度的政治敏锐性和政治辨别力，大是大非面前毫不动摇，坚定社会主义信仰，思想上与党中央保持高度一致，认真贯彻执行党的基本路线和各项方针政策，做社会主义核心价值观的忠实传播者和可靠践行者，为党和人民“培养合格的社会主义建设者和接班人”。在实际工作中，要权衡轻重，分清主次，全面提升政治素养和业务能力，引导学生树立正确的、积极的世界观、人生观、价值观，学习传统文化精髓、红色榜样和时代楷模，“自觉抵制拜金主义、享乐主义、极端个人主义、历史虚无主义等错误思想”。面对现今错综复杂的世界局势，辅导员应坚定维护党的领导，坚决维护社会和谐与稳定，热爱祖国，热爱人民，遵守宪法和法律，深入学习习近平治国理政思想，自觉践行“两个维护”“四个意识”及“四个自信”，坚决抵制外部环境的诱惑，坚持“本来”，不做任何有损党、国家和人民利益的言行。

（二）提高品行修养，有“功成不必在我”的奉献精神，做到“有道德情操”

师德是中华民族最为重要的美德之一，是衡量高校教师政治素质的重要标志，也是教师的“精气神”所在。所谓“师爱为魂，学高为师，身正为范”。辅导员作为思政教师既有教书育人的神圣职责，又有圆梦铸魂，立德树人的庄严使命。辅导员要洁身自好，既做学问之师，又做品行之师。所谓“亲其师则信其道”，大学教师的言行和品德会对学生产生直接且深远的影响。大学生具有“思想水平参差不齐、理论知识储备有限、心理尚未完全成熟”等特点，加之当今国际环境、世界局势错综复杂，大学生的价值取向多元，需要包括辅导员在内的全体高校教师有目标、有方向、有方法的价值引领。面对新的历史时期、新的国际形势、新的国内局面，辅导员要热爱教育事业，遵守公序良俗和国家法律，深化道德认识，强化道德信念，升华道德情感，遵守道德操守，磨炼道德意志，履行道德义务，养成道德习惯。“学为人师，行为世范”，发扬蜡炬成灰的精神，爱岗敬业，诚实守信，要把对学生的深情、对党和国家的使命担当融入生命和血液之中。

（三）提高理论水平和业务能力，树立终身学习理念，做到“有扎实学识”

“青春虚度无所成，白首衔辈亦何及。”辅导员要提升思想水平、理论素养和业务技能，在变化日新月异和“知识更新不断加快”的当今世界，不断探索自我，发掘内驱力，终身学习。一方面，辅导员要具备专业理论素养，做好理想信念教育、社会主义核心价值观教育、爱国主义教育等。一是要具备马克思主义及其中国化相关理论及知识，二是要具备思想政治教育专业知识体系。另一方面，辅导员要具有教育学、政治学、法学、心理学、管理学、社会学等跨学科基础知识，做好日常教育和管理服务。此外，还要“认真汲取中华优秀传统文化的思想精髓”，传承和升华中华传统文化，古为今用，自觉将其内化为理论基因。辅导员提升理论水平、提高业务能力，还要符合时代变化发展，符合学生成长成才规律，符合学生实际需要，既不能故步自封，也不能做井底之蛙，要将“走出去”和“请进来”相统一，如：踊跃参加各层面的培训和交流，更新理论知识储备；多邀请同行和专家，学习他们好的经验和做法。总之，学生工作，既要坚守传统，又要锐意创新，在新的时代，不断学习，与时俱进。

（四）以生为本，像爱自己的亲人一样爱护学生，做到“有仁爱之心”

辅导员要自觉贯彻党的教育方针，立德树人，心里装着学生，时刻想着学生，讲话贴近学生，做事为了学生。既要立足脚下，做好学生的思想引领和日常管理，又要放眼长远，不能只抓眼前之事，要为学生的未来发展谋规划。既要有甘于奉献的“螺丝钉”精神，又要有“春风化雨，润物无声”的持久毅力，做学生成长路上的绿叶和铺路石。辅导员日常工作琐碎繁杂，经常遇到棘手问题和突发事件，很多情况不是一次谈心、一个电话、一封邮件、一腔热情就能解决的，需要投入大量的时间和精力，有时甚至会被家长和学生误解。但是，辅导员的付出和努力与学生的前途息息相关，辅导员的一言一行影响学生的一言一行。辅导员做的一件小事、一次谈话可能改变学生的一生，进而改变一个家庭。因此，辅导员要从内心深处热爱学生和学生工作，把促进学生健康成长，“为党育人，为国育才”视为一项伟大的事业，要有善于发现美的眼睛，像伯乐识别千里马一样，善于发现人才，善于发现学生的闪光点，善于发现学生的可爱之处，“努力培养担当民族复兴大任的时代新人，培养德智体美劳全面发展的社会主义建设者和接班人”。[①]

三、结语

辅导员作为高校育人的重要力量，要坚定信仰社会主义和共产主义，坚决拥护党的领导，维护党的尊严，保持与时俱进的学习态度，自觉抵御各种错误思想，“用高尚的人格感染学生、赢得学生，用真理的力量感召学生，以深厚的理论功底赢得学生”，为党和国家培养合格的社会主义事业建设者和优秀的接班人。[②]

---

① 出自习近平总书记2019年3月18日主持召开学校思想政治理论课教师座谈会时发表的重要讲话（见《习近平主持召开学校思想政治理论课教师座谈会》中央广播电视总台新闻媒体中心官网账号）。

② 见习近平《用新时代中国特色社会主义思想铸魂育人》（《习近平谈治国理政》第三卷，外文出版社，2020年6月版，第330页）。

当代大学生社会主义核心价值观教育的难点及提升对策
——基于三全育人背景

一、研究缘起

“社会主义核心价值观是以习近平同志为核心的党中央从新时代坚持和发展中国特色社会主义、实现中华民族伟大复兴的中国梦出发，提出的重大战略思想。”社会主义核心价值观经党的十八大第一次系统提出后，其重要性、必要性、培育路径、培育模式等问题，即在学术界掀起研究热潮。2017年，中共中央、国务院出台《关于加强和改进新形势下高校思想政治工作的意见》，提出“全员全过程全方位育人”（以下简称三全育人），三全育人作为高校各项工作的重要指导思想，对高等学校社会主义核心价值教育相关研究提出新的期待。

综观目前国内关于大学生社会主义核心价值观教育的研究，多集中于社会主义核心价值观教育现状、培育途径等一般意义上的研究。对于大学生社会主义核心价值观培育中存在的问题，绝大部分学者持有相同或相似的观点。他们认为“社会主义核心价值观教育重视不足”，高校和学生的“主要精力放在专业能力培养”“培育途径单一”“培育方式和时效性有待进一步提升”“社会主义核心价值观宣传力度有待进一步加大”“培育制度有待进一步健全”等是高等学校社会主义核心价值观教育过程中面临的主要问题。这在《立德树人维度下的大学生社会主义核心价值观教育研究》《新时代大学生社会主义核心价值观教育问题浅析》和《高校培育和践行社会主义核心价值观调查研究》等多篇文章中都可以看到相关的描述。针对以上问题，学者们作了初步的思考，认为大学生社会主义核心价值观培育工作需要“创新”，具体而言，即：“要推进高校思想政治工作改革创新”；“思政课依然是高校培育和践行社会主义核心价值观的主要渠道”，应“对课堂教学的内容和方法进行改革，提高教学的时效性”；“积极营造文化氛围，为社会主义核心价值观的培养工作创造有利条件”；“高校各部门应整合资源，发挥优势，形成联动机制”。如《高校研究生社会主义核心价值观的教育现状及其分析》中提到了优化创新培育途径，《关于社会主义核心价值观研究现状的文献综述》中谈到加强“校园文化建设，将社会主义核心价值观教育渗透于校园精神文化与行为文化中。培育和践行社会主义核心价值观要贯穿于家庭、学校及社会教育的全过程”等。

二、大学生社会主义核心价值观教育工作难点

社会主义核心价值观教育是高校思想政治教育工作的重要内容，习近平总书记 2016 年《在全国高校思想政治工作会议上的讲话》提出："用社会主义核心价值观教育学生，引导他们扣好人生的第一粒扣子，是高校思想政治工作的使命所在。我们强调学校教育、育人为本，德智体美、德育为先，就是说高校要成为锻造优秀青年的大熔炉。"[①]在新时期三全育人的背景下，结合总书记对高校思政工作的殷切要求，及时总结社会主义核心价值观教育管理经验中的难点，对于回答"为谁培养人""为何培养人""如何培养人"这三个问题有重要的实际应用价值。笔者长期工作在高校思想政治教育工作一线，通过对大学生社会主义核心价值观教育的理论分析研究，结合工作实际经验，可以看出高等学校在大学生社会主义核心价值观教育中存在以下难点。

（一）纷繁复杂的外部环境，为大学生社会主义核心价值观教育带来了前所未有的挑战。党的十九大报告指出，现阶段我们正处在"世界多极化，经济全球化，社会信息化，文化多样化深入发展"的国际环境。以电子计算机技术等为主要标志的第三次科技革命的兴起，尤其是信息技术的广泛应用和深入发展，加速了世界各民族文化在全球范围内的交流与融合，形成了"先进的和落后的、本土的和外来的文化互相交织、互相融合的复杂局面，对新时代大学生的马克思主义信念和社会主义信仰形成和固化产生了重大的影响"。受外部环境的诱惑，一些大学生羡慕西方国家积累的经济优势与科技优势，放弃"本来"，全盘吸收"外来"，"以西为美""唯西是从"，选择性忽视中华民族优秀历史文化"讲仁爱、重民本，守诚信、崇正义、尚和合、求大同"的"根"和"魂"。少部分大学生出现了理想信念危机，对共产主义和社会主义信仰产生了一定程度上的动摇，不能够

① 出自习近平总书记 2016 年 12 月 7 日在全国高校思想政治工作会议上的讲话[《习近平关于青少年和共青团工作论述摘编》(三)，人民网理论频道，2018 年 5 月 14 日]。

将以“富强、民主、文明、和谐、自由、平等、公正、法治、爱国、敬业、诚信、友善”为内容的社会主义核心价值观体系内化于心，外化于行。2020 年开年以来，新冠肺炎疫情在全球范围内肆虐，一些西方国家政客抓住一切机会制造“政治病毒”，给中国政府和中国人民扣上莫须有的罪名和帽子，通过封锁、制裁，企图遏制中国的强劲发展和中华民族的伟大复兴。面对中美贸易摩擦、全球经济衰退等引起的跌宕起伏的国际形势，少数大学生缺乏最根本的政治立场和正确的政治态度，缺乏最基本的价值判断能力，被不良信息所迷惑，被恶意言论所蛊惑，不辨是非，人云亦云，出现不该有的价值迷失和思想困惑现象。

（二）高等学校缺乏教师培训和考核机制，教育工作者缺乏育人动力，是大学生社会主义核心价值观培育工作中的现实难题。古人云“师者，所以传道受业解惑也”。当今社会亦是同理。高校教师是中国特色社会主义伟大事业和中华民族复兴伟大事业的坚定信仰者和伟大践行者。社会主义语境下，人民教师既有教书天职，又有育人的内在要求，具有圆梦铸魂，立德树人，促进学生成长成才，为社会主义事业培养合格的建设者和优秀的接班人的历史使命。在高校，专业教师科研任务繁重，科研压力巨大，以教务员、科研秘书等为代表的管理人员工作边界清晰，行政事务繁琐，他们一般没有意识、时间和精力参与思政育人，高校思想政治教育工作仍依托于广大学工干部。与此同时，专业教师和行政管理干部缺乏思想政治教育相关理论知识及工作方法，在实际教学及管理工作中，相对缺乏思政育人的实践技能，不能够在思想教育领域做到习近平总书记所要求的“用高尚的人格感染学生、赢得学生，用真理的力量感召学生，以深厚的理论功底赢得学生”。[①] 有些学工干部忙于事务性工作，不能做到与时俱进，缺乏理论知识更新，个人知识储备仍停留在工作早期阶段，亦不能做到及时总结工作经验。面对新时期、新形势、新环境、新局面、新问题，这部分专职思政工作者往往束手无策。少数辅导员进入职业

① 见习近平《用新时代中国特色社会主义思想铸魂育人》(《习近平谈治国理政》第三卷，外文出版社，2020 年 6 月版，第 330 页)。

倦怠期，缺乏饱满的工作热情，将时间和精力忙于个人事务，核心价值观培育工作疲于表面。此外，思政育人对于专职教师和行政管理干部而言是一项良心工作，不同于教师传统工作量以科研成果或课时量计算，德育教育缺乏相应的量化考核标准和评价体系，缺乏肯定和激励机制，导致大部分老师对理想信念教育、核心价值观培育缺乏动力支撑。

（三）从笔者从事思想政治教育工作的实际经验来看，中学时期智育和德育不均衡发展、物质满足与精神匮乏之间的矛盾，是大学生社会主义核心价值观培育工作中的另一个困难。三全育人思想中的“全程育人”和“全员育人”涵盖学生的不同求学阶段以及社会、学校和家庭等多个教育主体。然而，中学时期，学校和家庭往往以升学为目标，重视学生学业教育，相对轻视家庭美德和个人道德品行塑造。学生本人以追求理想的高考成绩为努力方向，投入大量时间和精力学习文化课程，缺乏对真善美和假恶丑的思考，导致其进入大学后精神世界空虚，内心困惑迷茫。改革开放40年来，我国经济高速发展，新一代大学生家庭环境较之过去有了极大改善。物质生活极大满足与精神财富相对匮乏之间的矛盾，导致部分学生滋生拜金主义、利己主义、享乐主义，缺乏老一辈英雄楷模的责任担当、家国情怀和奉献精神。社会、学校和家庭对于学生的评价机制，通常也集中体现于学业成绩，导致部分学生重视“有字之书”，轻视“无字之书”，重视文化知识积累，轻视美好品德锻铸，有些同学不关心国际局势和时政要闻，不了解行业科技和未来发展，更甚至缺乏最基础的诚实、诚信、团结、友爱等美德和价值观念，科研弄虚作假、考试作弊等违反校纪校规的道德失范现象时有发生。

三、新形势下大学生社会主义核心价值观教育工作建议

“人民有信仰，国家有力量，民族有希望”。大学生是社会主义事业的建设者和接班人，在中华民族伟大复兴的征程中，青年学生的社会主义核心价值观教育是高校德育工作的出发点和着力点，关系到我们党和国家

的伟大事业能否胜利，民族复兴大业能否成功。大学生受思想水平参差不齐、理论知识储备有限、心理尚未完全成熟等因素制约，仍处于价值观念形成的重要时期，需要有目标、有方向的价值引导，方能树立科学的、正确的、积极的价值观念。为此，笔者有以下工作建议。

（一）育人全员化，工作全程化。社会主义核心价值体系在青年学生中的培育工作，是高等学校完成培养时代新人任务，助力民族复兴大业的着眼点和落脚点。高等学校应建立培养培训体系，健全长效激励机制，完善考核测评机制，创新有效载体，优化管理体制，积极主动搭建桥梁，打破各部门、各岗位之间的工作界限和育人壁垒，有效整合育人资源，合力提升协同育人效应，实现以社会主义核心价值观教育等为主要内容的高校思想政治教育工作在教育教学、行政管理等日常工作中的共通共融。切实加强思政课教师、专业课教师、学工干部与管理干部的合作交流，为其提供有效的平台载体和有力的制度保障，真正使大学生社会主义核心价值观教育工作体系“贯通学科体系、教学体系、教材体系、管理体系”。思政教师、专业教师、学工干部和行政管理干部等教职员工还应通过多学习、勤实践、常总结，全面综合提升社会主义核心价值观的教育相关理论和技能，思想上进一步提高社会主义核心价值观培育工作重要性的认知，行动上进一步坚定支持理想信念教育，用习近平总书记新时代中国特色社会主义教育思想武装头脑，共同全程参与当代大学生社会主义核心价值观培育工作，把握日常工作各个环节，在学生大一到大四成长全过程中把立德树人根本任务落到细处，落到实处，将价值引领融入思想道德教育、文化知识教育、社会实践教育各环节，贯穿教育教学全过程，“给学生心灵埋下真善美的种子，引导学生扣好人生第一粒扣子”，①真正培养符合新时代需求的优秀的社会主义建设者和接班人。

（二）教育普遍化，方式个性化。大学生社会主义核心价值观培育工作是高等学校实现思想政治教育功能的一项普及性工作，全方位覆盖

① 见习近平《用新时代中国特色社会主义思想铸魂育人》（《习近平谈治国理政》第三卷，外文出版社，2020 年 6 月版，第 330 页）。

的思想政治教育系列课程是现阶段进行大学生理想信念教育的普遍途径和重要形式。将专业教育、第二课堂、学科竞赛等阵地引入课程思政，是普及大学生社会主义核心价值观培育工作的有力抓手。教育工作者，应以生为本，尊重学生主体特征和个体差异，有针对性地开展工作，利用学业指导、专业认知、科研启蒙、教学管理、后勤服务等有利机会，以身示范，朋辈传带，引导广大青年树立共同的价值体系。除强调高等学校及广大教师在大学生社会主义核心价值观培育工作中的重要作用外，就大学生自身而言，应借助优质平台载体，结合自身个性特点，发挥主体优势和内因作用，自我探索，自我提升，发掘社会主义核心价值观自主培养意识，进一步有效提高社会主义核心价值观教育的认知度，实现自我教育、自我管理，形成自我灵魂，做到知荣辱、明是非、辨善恶，自觉打造健康向上的价值观念。

（三）途径多元化，形式多样化。习近平总书记2014年在上海考察时曾指出："培育和践行社会主义核心价值观要在落细落小落实上下功夫，特别是要抓好青少年等重点人群。"[①]教育工作者应线上和线下结合，借助报纸、杂志、网络、移动通信等多种媒介，通过课堂教学、实践教学、党团生活、社团活动、德育讲堂等多样载体，依托学习红色经典著作和优秀传统文化、赏析红色艺术作品、参观红色教育基地、参与志愿服务等多方途径，德智体美劳五育并举，丰富和创新校园文化生活，打造思政精品项目，全方位培育大学生社会主义核心价值观，使大学生们自觉提高思想觉悟、理论水平、鉴别能力，吸收西方资本主义国家文化中的科学观念和先进成分，汲取中华民族传统文化中的精华和养分，传承先进典型和模范榜样的优良作风，养成习惯，化为境界，自觉抵御腐朽思想入侵，净化精神世界，增强时代使命感和爱国热情。

---

① 见习近平《思政课是落实立德树人根本任务的关键课程》(《求是》2020年第17期，求是网，2020年8月31日)。

四、结语

高等学校是党和国家培育和践行社会主义核心价值观的重要阵地。“坚持弘扬和践行社会主义核心价值观，是高等教育坚持中国特色社会主义共同理想和共产主义崇高理想，体现国家教育意志、教育理念和教育方针的根本要求。”高校和教育工作者应该清晰认识青年学生社会主义核心价值观培育中所面临的困难和挑战，理性看待和分析工作中所面临的难点和痛点，通过各项举措，真正意义上完成立德树人根本任务，不负“为党育人，为国育才”的时代使命。只有高校、教师和大学生多方共同努力，多管齐下，形成合力，才能更好地开展此项工作，使理想信念的灯塔点亮学生人生，闪亮大学校园，照亮民族复兴之路。

新媒体时代大学生网络思想政治教育探索
——以高校“表白墙”为例

新媒体时代，虚拟空间成为大学生表达与交流的重要媒介。虚拟空间为大学生带来便利的同时，也暴露了大量不容忽视的思想政治教育问题，对大学校园文化和谐、稳定、健康发展与大学生思想政治教育工作形成巨大挑战。本文以高校“表白墙”为例，尝试探索大学生网络思想政治教育相关问题。

一、"表白墙"的定义、功能与特点

"表白墙"是大学生喜爱的虚拟社交平台，其物质形态为腾讯QQ账号。学生将写有一定诉求的话语以"悄悄话"形式发给该账号，该账号以截图形式发表"说说"，置于QQ空间，供关注该账户的大学生浏览、参与讨论。设立之初，"表白墙"为QQ私人账号，主要用于鼓励没有勇气当面表白爱慕对象的高校学生借助网络虚拟空间表白爱意，故称为"表白墙"。随着社交媒体的流行，"表白墙"获得大量学生的关注与使用，其功能不再局限于单纯的表白，逐步衍生出失物招领、困难求助、网络声讨等功能。由于受关注度高，用户活跃度高，每天具有一定的工作量，设立"表白墙"的学生专心学业的同时兼顾"表白墙"运营存有一定困难，"表白墙"逐渐不再是私人账号性质，转而由部分在校学生组成专门团队进行运营管理，运营团队简称"墙主"。由此可见，"表白墙"实际上是具有公众号性质的活跃于大学校园的非官方社交媒体平台，本质上是"发布和接受信息的网络服务提供者"。

作为流行于"新新人类"间的自媒体平台，"表白墙"具有以下特点。一是关注度高，用户活跃。当下，全国各大高校均有属于本校的"表白墙"，如北京大学表白墙、清华大学表白墙、复旦大学表白墙、南京大学表白墙等。有调查显示，超过70%的在校学生会关注本校"表白墙"。"表白墙"每日可推送数十条动态，有相当的浏览、点赞与转发量。如遇所谓"大瓜"，即热门事件或火爆内容，传播量更是惊人。据网站"高校表白墙"(http://520.zsdx.cn)数据显示，截至2020年1月20日，全国高校"表白墙""表白数量"前三名分别是：右江民族医学院"表白墙"，"表白数量"为38474条；济南大学"表白墙"，"表白数量"24488条；广东农工商职业技术学院"表白墙"，"表白数量"21642条。二是操作与运营门槛低。作为自媒体平台，"表白墙"无须专人撰稿、拍摄、后期剪辑制作等繁琐工作，只需要将用户私信截图发表即可。"表白墙"不需要专门设备，只需在负责运营维护的学生的手机端登录即可随时随地管理。"表白墙"不属于学校社团,不需要向学校主管部门备案注册。此外,负责管理运营"表白墙"的学生团队,因毕业离校或其他原因不再管理"表白墙"时,只需招募新成员即可保持继续运营。三是开放性高,隐匿性强。学生需要发表"表白墙"时,只需拥有 QQ 账号。发帖者为逃避辨识,通常临时注册"小号",即注册不为老师、同学所知的 QQ 新账号,且选择匿名发帖。除 QQ 运营商外,高校、学工队伍等对其束手无策,"表白墙"实际处于无人监管的隐蔽状态,这也为大学生思想政治教育工作带来弊端。

二、"表白墙"存在的大学生思想政治教育问题

设立之初,"表白墙"的确以为同学提供表白场所与便捷校园服务为目的,具有一定的积极作用。但随着"表白墙"关注度逐步升高,其功能和作用发生了一定的改变,逐步远离为同学服务的初衷与愿景,沦为部分学生发泄私愤的场所。如发帖人使用低俗用语、展示利己主义风气、造谣生事、侵犯他人隐私权、侵犯他人名誉权等。这些道德与行为失范现象易引发高校学生与学生、学生与教师、师生与"表白墙"管理者之间的冲突与对立,既危害校园精神文明建设,又增加校园不稳定因素,其主要问题有以下几点。

(一)网络侵权频发,暴露大学生法制教育短板。1. 用户违法行为。其中,最普遍的是采用语言暴力手段侵犯他人的名誉权,运用激烈的言辞对他人人格进行攻击,造成受害人的形象毁损,严重侵犯了他人的名誉权。在"去中心化"和"匿名化"的虚拟世界里,由于"表白墙"存有一定的监管漏洞,匿名成为少数学生中伤他人、散播谣言、泄露他人隐私、制造是非的保护伞,而法不责众的侥幸心理使得他们烦躁、不满等情绪的发泄变得理所当然和肆无忌惮。由于是匿名发帖,且发帖人多使用"小号",学校管理部门和受害人无法知晓发帖人的真实身份。因此,发帖人可轻而易举地逃避由自己不当行为为他人带来恶劣影响而应当承担的责任和惩

罚。这导致相当一部分学生不经思索，不分黑白，绕开正常表达途径，一言不合即“挂人”。而被“挂”者通常“被实名”，这种未经核实、歪曲事实、夸大言辞、不负责任的博人眼球帖子，往往会在短时间内迅速发酵，对当事人造成严重精神损害和名誉侵犯。2. 运营者违法行为。为吸引流量，博得关注，“表白墙”通常不经信息核实，选择敏感话题发帖，如，夸大人际关系矛盾、师生对立、“吃瓜爆料”等。据《民法典》第一千一百九十七条之规定，“网络服务提供者知道或者应当知道网络用户利用其网络服务侵害他人民事权益，未采取必要措施的，与该网络用户承担连带责任。”“表白墙”作为广义上的网络服务提供者，其运营管理团队理应自觉遵守中华人民共和国法律法规。换言之，“墙主”对信息发布内容具有审查义务和监督职责。如，“初始发墙者”存在明显主观故意对他人名誉造成侮辱、诽谤、谩骂或存在歪曲事实等行为，“墙主”依然为换取流量，使被“挂”人陷入舆论旋涡，运营者应当与“初始发墙者”共同承担相应法律责任。综上，无论是发帖人恶意侵犯他人名誉，还是“表白墙”运营团队逃避信息审查和监督责任，都从根本上暴露了当代大学生法律意识淡薄的问题。

（二）制造舆论热点，责任担当意识淡薄。“表白墙”设立伊始，确以服务同学为目的，具有一定的积极作用。但随着“表白墙”发展壮大，其功能和性质在本质上已转变为公众号，而公众号的生存方式是尽可能吸引流量，随后变现。目前，多数学校的“表白墙”已基本实现商业化。笔者以“QQ 表白墙”为关键词进行搜索，在知乎《QQ“表白墙”怎么弄？》一文中发现以下高赞答案——“我是某学校‘表白墙’运营人，每天日访问量后台数据 1.5w 人，‘表白墙’的建立就和平时注册 QQ 号码一样，需要一个 QQ 账号，主要在校园进行推广，前期主要靠加人或者加群，贴吧，微博进行宣传吸粉，也可制造话题，引来围观；后期，每天投稿量稳定后，就要看自己怎么运营了。怎么运营还得靠自己想。”并强调“只要得到学校大多数人的支持”，就可保持“基本稳定”。“表白是能引起注意的一个点，适合前期，到后期，随着自身影响力的提高，就不单纯是发表白帖子。”可见，作为公众号，“表白墙”与生俱来的流量冲动要求其在发帖时，要尽可能吸引眼球，掀起舆论热点。显然，观点偏激，充满戾气，甚至有错误言论的帖子将有可能被优先采用，而学生正确的言论则可能因为“表白墙”的自主筛选而被过滤，导致学生看到的帖子严重偏离客观公正。在笔者的工作过程中，不少学生反映曾遭遇“想要发声的正确观点得不到‘表白墙’的发布”，这不能不说是对大学生“诚实守信，文明上网”的挑战与讽刺。笔者曾接触一起由“表白墙”接连“挂人”引发的危机事件。事件中，为博人眼球，“表白墙”接连对同一人发布偏激、戾气、充斥着不文明用语、断章取义、混淆视听的帖子，此事件对当事人造成了巨大的伤害。处理过程中，“表白墙”运营团队非但不愿主动删帖，在当事人再三要求下，也拒绝发帖澄清并道歉，令事件处理十分棘手。

（三）引导错误言论，严重偏离社会主义核心价值观。阿克顿有句名言——“权力导致腐败，绝对权力导致绝对腐败”。从单向发帖来看，“表白墙”拥有绝对的话语权和舆论权。毛主席说，“笔杆子、枪杆子，干革命就靠这两杆子”。从过往经历看，“表白墙”曾多次参与社会热点与校园热门事件的讨论，并在其中起到推波助澜的作用。其中固然有其积极一面，但人非圣贤，孰能无过？“表白墙”作为特殊的匿名的公众号，具有一定的信息筛选功能，如果管理者掺杂自身好恶，故意屏蔽某些学生的发言，夸大有利于吸引流量的观点，“表白墙”极有可能成为一些别有用心之人“带节奏”的工具。一旦错误言论发出，因为“表白墙”的匿名性，错误言论受害者往往无处申诉，无处伸张公平与正义。“少年强则国强”，祖国的未来需要青年来建设，大学生的言行举止关系着中国的未来。作为新时代的青年，当代大学生应当担得起“中国最优秀的年轻人”这一称号。作为当代大学生最活跃的交流平台，“表白墙”为学生做过非常多的实际工作，得到学生的赞扬和好评。但如果管理者放松自身思想建设，忽视言论审核，虚假、诽谤、侮辱、甚至歪曲三观的帖子将会大行其道，那就背弃了“表白墙”的创建初衷。西方一些国家已经用实际行动向我们证明了资本主义的民主与价值观是不健康的，是不可持续的，强调文明和谐的社会主义核心价值观才是当代大学生应当自觉弘扬和践行的正确价值观念。

（四）折射大学生心理健康问题。一方面，大学生过度关注“表白墙”碎片信息，将相当部分精力投入虚拟社交、校园八卦等方面，导致学习精力不足，对学业产生一定程度的负面影响，学习成绩下降继而会影响学生精神状态、人际关系等，进而导致校园不稳定因素增多。另一方面，部分学生被“表白墙”不实信息迷惑，缺乏思考判断，人云亦云，导致“个体的进一步解构”，最终沦为网络信息洪流中的一些数据化个体，缺乏个性色彩。更为严重的是，学生通过“表白墙”找到共鸣者进行不满情绪的抒发，在大学校园形成从众心理，引发思想偏差，影响网络良性生态。此外，“表白墙”迅速表白恋爱对象的功能，使大学生情侣快速且容易结识，导致大学生忽视恋爱过程中的道德与责任，少数大学生甚至利用“表白墙”，陷入“快餐化”恋爱。

三、加强高校“表白墙”管理工作的建议

第一，对高等学校而言，要加强大学生法制教育。一方面，通过主题党日、主题团日、主题班会等多种途径，线上教育与线下教育相结合，组织学生学习法律知识，树立法制观念，引领学生自觉践行习近平法治思想。通过观影、沙龙座谈、舞台剧等多样的形式，引导学生遵守法律法规，遵守《大学生文明守则》等校纪校规，以优秀大学生的标准严格要求自己，自觉维护网络文明，正确认识“互联网并非法外之地”，做到“网上网下一个人”。同时，通过加强法纪法规教育，增强大学生自我保护意识，在个人权益受到不法侵犯时，能够主动拿起法律武器，利用法律知识维护自身合法权益。另一方面，要加强校园精神文明建设，利用丰富多彩、健康向上的主流校园文化活动吸引学生注意力，增强学生是非辨别能力，引导学生追求真善美，自觉远离、摒弃假恶丑。

第二，对学工干部而言，应加强责任意识，主动占领网络思想政治教育阵地，从源头上做好大学生思想政治教育工作。由于无从得知“表白墙”发帖人信息，被攻击者通常只能选择默默忍受，而高校相关管理人员，

为维护校园稳定，通常采取息事宁人的态度。此种做法非但不能从根本上解决问题与矛盾，反而会助长部分学生肆意妄为的嚣张气焰，从而造成“表白墙”“挂人”事件愈演愈烈。这就要求学工队伍要有担当精神，追本溯源，从源头上根除“表白墙”滋生违法违规行为的土壤。学者建议高校设法将“表白墙”纳入社团管理，并按照社团管理之规定选拔政治立场坚定、思想觉悟高、学习成绩好、能力突出的优秀学生参与运营管理，从而在源头上修复“表白墙”无人监管的漏洞。

第三，“表白墙”的运营管理团队，应提高思想觉悟，强化法律意识，树立责任观念。“墙主”应主动对发帖内容进行认真细致的审核。一方面，要对发帖真实性进行审核，自觉过滤污言秽语。另一方面要筛选真正需要求助的信息，或对拾金不昧等助人为乐行为表达感谢的弘扬校园正能量的帖子予以支持。一旦发现存在因审查不严、监管不力而为他人带来损害的行为，应果断采取相应措施，及时删除发帖内容，防止事态恶化。如若对当事人造成伤害，应及时赔礼道歉。

第四，对大学生而言，应加强自身思想道德修养，自觉弘扬和践行社会主义核心价值观。在校园管理、教学评价、人际关系等需要帮助时，应通过正确的途径表达诉求，采取积极的方式沟通，寻求有效的解决方案。

面对违反考试纪律的学生怎么办
——大学生诚信教育工作案例分析

严格遵守考场纪律，杜绝考试作弊行为，是高等学校诚信教育的重要组成部分。但总有少数同学平时学习态度不端正，复习准备不充分，面对考试心存侥幸，不惜选择铤而走险。面对一时糊涂犯下严重错误的学生，辅导员应该怎么办？

一、案例简介

国防生 W,大一上学期期末考试一门专业核心课程不及格。在大一下学期开学补考中,该生利用手机上网搜索答案,被监考老师当场发现,没收试卷,逐出考场。在考试中使用通信工具,属情节严重违纪行为,按相关规定,应予记过处分。国防生具有普通大学生和预备军(警)官的双重身份,在思想教育、军政训练、日常管理等各方面均有严格要求,考试作弊等违纪行为是绝对不能触及的红线。根据国防生管理条例之规定,受到严重警告以上处分者,将终止培养协议,开除学籍。

二、案例分析

本案例是由于学生学习态度不端正,平时忙于社团事务和人际交往,未将时间和精力投入学习,加之复习迎考期间未认真复习,担心挂科影响毕业,进而影响国防生身份,从而心存侥幸,违反大学生诚信原则而引发的严重违纪案例。

(一)基础薄弱,思想懈怠,平日学习态度散漫。作为国防生,W 同学入学时比该省普通录取学生高考总分低,专业基础较为薄弱,学习本身较为吃力。入学后,该生热心社团活动,国防生的特殊身份让 W 同学感觉只要能毕业就可直接分配至部队,不存在就业压力。因此,该生认为大学成绩好坏对其没有任何影响,"六十分万岁"的想法伴随其整个大一上学期。该生学习态度较为散漫,课上不认真听讲。课后,W 同学花费大量时间用于社交和娱乐活动,没有将课余时间投入预习、复习、完成作业等基础性工作。一学期下来,W 同学远远落后于其他同学,出现两门课程不及格的情况。

(二)成绩落后,忧心未来,导致铤而走险。寒假返乡后,W 忙于参加各种聚会,将开学补考之事抛之脑后。开学后,随着补考日期的临近,没有任何复习准备的W感到十分的紧张。他非常担心专业核心课程不及格会导致国防生退选。如此一来，根据学校相关规定，W将无法取得毕业证、学位证，会因违反国防生培养相关协议中关于学习成绩的相关规定，导致培养协议终止，并需要退还国防奖学金以及支付相关违约金。考虑到如此严重的后果，W决定铤而走险。

三、解决方案

（一）第一时间向分管领导及相关主管部门汇报情况，严格遵守相关规定和流程处理事件。接到监考老师情况通报后，第一时间将相关情况汇报学院分管领导和选培办教官。在给予记过处分以及处理退学的过程中，严格按照我校全日制本科生考试管理办法的相关规定，严格遵守相关流程，实事求是汇总、汇报材料，协助选培办处理相关事宜。

（二）及时将违纪情况和处理意见通知家长，通过耐心细致的工作争取家长的理解。在W同学违纪行为发生后，学校第一时间请家长前往学院面谈，及时将违纪情况和处理意见通知家长，请家长协助处理后续事宜。该生家长到校伊始，非常不理解学校的处分决定，认为学校“小题大做”。在学工组向家长反复解释国防生相关管理规定后，家长仍不能接受学生退学的事实，软磨硬泡，反复向教务处、选培办等部门求情、施压。学院反复告知《学生手册》相关管理规定，耐心细致地解释政策，最终赢得家长的理解。

（三）约谈学生，想方设法减轻焦虑情绪，防止过激行为发生。违纪行为发生以后，W同学非常忐忑。一方面，为自己的不诚信行为懊恼后悔。另一方面，开除学籍的后果让他深感对不起父母师长。由于过度焦虑，W出现生理和心理上的应激反应，诸如失眠、食欲减退、厌恶自己等。笔者主动约谈W，倾听他的内心感受，帮助他总结问题根源。通过大量的谈心谈话，让他明白其错误行为放在当下是莫大的事情，一时不能接受很正常，但塞翁失马焉知非福。假如他一时侥幸，考试作弊未被发现，作为一名专业技术骨干，将来到了部队工作，侥幸作风或许会让他犯下更大的错误，给党和国家、给人民、给人民军队造成严重后果。对于未来，W 非常迷茫，不知道开除学籍后自己该怎么办，还有没有出路。他既担心父母的责备，又担心回老家后被亲戚同学笑话、看不起。笔者劝慰他任何人的成长，都需要付出代价，并用过往一些违纪学生迷途知返的成功案例鼓励他："犯错误不可怕，可怕的是犯了错误后，一蹶不振，再也爬不起来。真正的男子汉，应该哪里跌倒哪里站起来！"最后，笔者送给 W 一份特别的礼物——一套美国常青藤高校的纪念笔。这套纪念笔对笔者来说是十分珍贵的礼物，有一段特别的来历。笔者有一位学生，本科毕业后前往美国深造。学习之余，他游历了所有的常青藤高校，每到一所大学，就收集一只纪念笔，集齐以后，专门利用回国探亲的机会，回到学校送给笔者。笔者非常感动，也很珍视这份特殊的礼物。为了鼓励 W 同学不要放弃自己的人生，哪里跌倒哪里站起来，笔者将这份特别的礼物转送给了他。W 同学深受感动，表示回家一定好好复习，重新参加高考，重新"站起来"。

（四）跟进学生情况，做到成长路上一个都不落下。W 离校后，笔者和他以及其家长保持沟通，定期通过电话询问该生复习和生活情况。得知 W 功课紧张，高中不许携带手机，笔者时常给他微信留言，一方面劝解他不要给自己太大的心理压力，凡事向前看。另一方面告诫他一定要振作精神，用实际行动弥补自己犯下的错误。此外，笔者还鼓励同学多给他留言，让 W 感受集体的关心和温暖。

四、工作成效

W 同学与家长在学工老师的反复沟通、关心和帮助下，意识到事已如此，一味沉浸在悔恨中对于未来毫无意义，只有打起精神，脚踏实地，才能早日重回正轨，遂慢慢接受被开除学籍的现实，逐渐走出阴影，重新振作。回到家乡后，W 很快联系学校复读，决心来年重新报名参加高考。

经过数月努力，W 第二年夏天取得不错的高考成绩。W 联系笔者，汇报考试情况，很信任地向笔者咨询高考志愿填报意见，如愿考取某高校电子信息类专业。收到录取通知书后，W 同学发来微信："老师，我收到录取通知书了。我很后悔当时一时糊涂，真的非常后悔。您说得对，在当时，那是我最大的痛苦，但我这个人的性格，就是莽撞，如果没有这件事情，也许未来会发生更严重的事情。老师，谢谢您！"同时，家长也发来短信表示感谢。

五、启发与思考

第一，诚信是社会主义核心价值观的重要内容，是大学生应该主动追求的美好道德。诚信教育是大学生思想政治教育的重要组成部分，是高校立德树人、为党和国家事业培养合格的社会主义建设者和接班人不可忽视的重要环节。辅导员在日常工作中要积极主动地引领、培育、帮助学生树立诚实守信等思想观念，引导学生自觉践行和弘扬社会主义核心价值观，引导学生在规范学术道德、遵守考场纪律等方面自觉践行诚实守信原则。

第二，诚信教育工作要耐心细致，功夫要下在平时。考试违纪一般分两种情况，一是学习态度散漫的学生担心考试不及格，继而影响毕业而作弊，二是成绩优秀的学生，为在保研、奖学金评选中保持优势地位而作弊。前一种情况在学生工作中较为多见，后一种情况亦不可忽视。学工队伍应将诚信教育做在日常，做在事前，防患于未然，切忌出了问题再谈诚信，出了状况再谈教育。辅导员要注意把握一些关键时间节点，如：新生入学教育阶段、临近考试之时等，组织学生学习《学生手册》，进行警示教育。要将学校的各类违纪情况及时通报学生，教育学生引以为戒。在警示教育过程中，要注意方式、方法和态度，尊重学生感受，谨防搞成"批斗大会"。同时，要注意保护隐私，不要将学生真实姓名等隐私公之于众。

第三，假如工作到位，仍遇学生铤而走险，违反诚实守信基本原则，出

现诸如考试作弊、论文抄袭、学术不端等违纪现象，应采取积极的态度应对。一方面，辅导员本身要遵守诚实守信的教师职业道德操守，严格遵守教育部、所在地方教育主管部门以及所在高校相关管理规定，严格依照相关程序给予相应处置，不包庇，不舞弊。另一方面，学工干部不能因学生一时糊涂，将其归类为“坏学生”或“差学生”，抱怨学生给自身工作添麻烦，对其歧视，甚至放弃管理。学生工作者应遵守师德师风，有仁爱之心，对该类学生保持关注，在思想上感化，在生活上关心，在学习上帮助。笔者长期工作在学生工作第一线，在实际工作中发现，犯了错误的学生，如果教师能给予充分的关心关爱，一旦其知道悔悟，出于一种补偿心理，往往会加倍努力，取得更大的成绩，甚至做出一番事业。因此，辅导员应充分抓住教育机会，在人生的十字路口，引导学生树立正确的思想观念，帮助学生重新回到正确轨道，不让一个学生掉队，真正实现立德树人，不负使命。

大学生心理健康教育的原则、任务及辅导员角色分析

大学生心理健康教育是“提高大学生心理素质、促进其身心健康和谐发展的教育”。教育部多次发文强调“加强和改进大学生心理健康教育是新形势下贯彻落实全国教育工作会议和《国家中长期教育改革和发展规划纲要(2010－2020 年)》精神,促进大学生健康成长、培养造就拔尖创新人才的重要途径,是全面贯彻党的教育方针、建设人力资源强国的重要举措,是推动高等教育改革、加强和改进大学生思想政治教育的重要任务。”可见,大学生心理健康教育既是我国高校人才培养体系的重要组成部分,也是大学生思想政治教育工作的重要内容,是新时代辅导员工作的主要职责之一。近年来,大学生在学业、就业、生活、情感等方面的压力不断增大,越来越多的大学生因心理问题出现休学、退学、自我伤害,甚至伤害他

人的情况，大学生心理健康教育日渐成为全社会关注的焦点。为此，高校辅导员应在思想上高度重视大学生心理健康教育工作，在日常工作中遵循教育原则，明确教育角色，出色完成教育任务，细心做好本职工作，力保高校健康心理校园及平安校园建设工作顺利推进。

一、大学生心理健康教育基本原则

根据中华人民共和国教育部2018年7月印发的《高等学校学生心理健康教育指导纲要》，当前我国大学生心理健康教育的总体目标是基本形成"教育教学、实践活动、咨询服务、预防干预'四位一体'的心理健康教育工作格局"，"心理健康教育的覆盖面、受益面不断扩大，学生心理健康意识明显增强，心理健康素质普遍提升。常见精神障碍和心理行为问题预防、识别、干预能力和水平不断提高。学生心理健康问题被关注及时、措施得当、效果明显，心理疾病发生率明显下降"。为实现这一总体目标，高校辅导员工作中应遵循一些基本原则，主要有以下几点。

（一）坚持科学性与实效性相结合原则

辅导员应根据大学生身心发展规律及心理健康教育教学规律，科学有效开展心理健康教育工作，以线上线下相结合的方式，通过多种多样的形式，开展学生喜闻乐见的心理健康教育活动，完善班级心理健康教育网络体系，切实提高大学生心理健康水平，有效解决学生思想、心理、情感和行为问题。

（二）坚持普遍性与特殊性相结合原则

高校辅导员应坚持心理健康教育工作面向全体学生开展，对所负责的每一位学生的心理健康发展了如指掌，并关注学生个体之间的差异，对待不同的学生，应注意方式方法创新，分层分类分别开展心理健康教育，满足不同学生心理健康的服务需求，特别是深入了解学生入学前心理状态，对高中阶段出现心理障碍的学生给予特殊的关爱与照顾，以仁爱之心对待每一位学生。工作中切忌千篇一律、马虎应对。

（三）坚持主导性与主体性相结合原则

辅导员要充分发挥自身工作优势，发挥高校心理健康教育主导作用，通过不断的学习和提高，努力成为心理健康教育教师、心理咨询师等育人主体。同时，还要自觉做学校与学生、学生家庭的黏合剂和桥梁，通过自身工作强化家校共建，形成育人合力。此外，辅导员还要尊重教育规律，尊重学生主体地位，充分调动和发挥学生积极性、主动性、自觉性，做好班级心理委员及宿舍心理联络员选拔和培训工作，培养大学生自主自助维护心理健康的意识和能力，打造团结和谐、健康向上的班级心理氛围。

（四）坚持发展性与预防性相结合原则

高校辅导员日常工作中，应充分重视心理健康知识的科学普及与广泛传播，可利用学生喜闻乐见的方式将显性教育与隐性教育充分结合，深入挖掘学生心理潜能，培养学生积极乐观的心理品质。心理问题无小事。辅导员应重点加强心理危机预防干预。面对大学生最常见的心理问题，辅导员要掌握相关知识和工作方法，促进学生身心健康和谐发展。在日常工作中，细致耐心，主动排查，及时疏导，最大限度地预防和减少重大校园心理危机个案的发生，为学生家庭和高校规避潜在的风险和不必要的损失。

二、大学生心理健康教育主要任务

根据教育部相关文件精神，大学生心理健康教育的任务，主要有推进知识教育、开展宣传活动、强化咨询服务和加强预防干预四个方面。

第一，推进知识教育。将心理健康教育课程纳入高校整体教育教学计划，通过健全和规范课程设置，将心理健康教育相关课程面向全体学生开放，使他们能够及时全面地了解大学生心理健康基础知识、大学生心理健康的标准及意义、常见异常心理的表现，从而树立积极、阳光的心理健康观念，进而形成自尊自信、乐观向上的良好心理品质。同时，丰富大学生心理健康教育教学形式，创新教育教学手段，改进教育教学方法，开设学生感兴趣的在线课程和体验式课程，通过线下线上结合、案例教学、心理情景剧、行为训练、团体辅导等多种形式和方法，激发大学生主动学习心理知识的兴趣，提高教学和育人实效，推进心理健康知识传播。

第二，开展宣传活动。宣传工作是有效开展大学生心理健康教育的重要抓手。通过举办心理健康教育宣传月、"5·25"大学生心理健康节、校园心理剧大赛等主题教育活动，充分发挥学生的主体作用，组织开展有益于大学生心理健康发展的心理素质拓展活动和文体活动，切实增强心理健康教育对高校学生群体的吸引力和感染力。利用学生们喜爱的短视频、动漫等传播形式和微信公众号、微博、b站等新媒体传播渠道，主动占领网络心理健康教育新阵地，最广范围地宣传心理健康知识，倡导积极健康的生活方式，想方设法提高大学生心理保健能力。辅导员作为一线学工干部，是大学生最亲密的朋友，可支持和鼓励学生在心理中心、院系团学组织等有关部门监督指导下成立心理健康教育社团，指导学生开展各类心理健康教育活动，以帮助学生增长心理健康知识，提高心理调适能力，积极进行心理健康自助与互助。

第三，强化咨询服务。心理咨询是大学生心理适应出现矛盾和偏差时最常见的心理援助手段之一。来访学生就自身存在的心理不适或心理障碍，通过语言、文字、图画等信息传递方式，向咨询者进行表达、询问与探讨，并在心理咨询老师的支持和帮助下，找出引发心理不适的成因，分析摆脱心理困境的条件和对策，帮助学生提高对困难环境的适应能力，及时恢复平衡的心理状态。当前，众多高校面临预约咨询量大、心理中心专职咨询师紧缺的困难局面。高校需要想方设法克服困难，尽快尽早建设能够满足学生需要的心理咨询服务平台，加强各类硬件设施建设，如，设立学校和院系二级心理健康辅导室、心理体验中心、团体辅导室等。积极构建教育与指导、咨询与自助、自助与他助紧密结合的心理健康教育与咨询服务体系。目前，高校的心理咨询服务平台还尚不完善，亟须进一步的改进与提升，具体可从以下三个方面着手改善。一是从根本上完善体制机制，建立健全校园心理咨询各项制度，如心理中心值班、预约、备案、转介、反馈、保密等制度，向学生提供及时有效的心理健康指导与咨询服务。高校应特别重视保密制度，务必注意保护心理数据安全，保护学生隐私，坚决杜绝任何心理信息的泄露。二是丰富咨询形式，可通过个别咨询、团体辅导、网络咨询、电话咨询等多种形式向学生提供心理健康服务。三是要实施分类指导原则，即，针对不同年级、不同专业学生的特点，精准施策，因材施教，把解决思想问题、心理问题与解决学习、生活实际问题结合起来，在关心呵护和暖心帮扶中开展教育引导。

第四，加强预防干预。重视心理健康知识的普及宣传的同时，高校应坚持预防为主的原则，通过新生心理普查、院系定期筛查、辅导员走访排查等途径和方式，及时发现并备案学生中存在的心理危机情况。辅导员在学生入校伊始，应及时了解各位学生的成长经历、家庭环境，排查学生过往是否经历重大挫折、遭遇重大变故，留心观察每个学生个性特点、心理特征、健康状况等，建立心理健康教育网络和预警防控体系，做好和学生本人、学生所在班级干部以及学生家长联系与沟通工作，遇到问题，早发现，早汇报，早帮助，早解决。对中学时期已患较为严重心理障碍的学生，除上报心理中心及相关部门并做好备案工作外，应予以重点关注关心，根据学生心理状态及时疏导、干预和跟踪，必要时，及时转介疑似患有较为严重心理或精神疾病的学生到专门机构接受诊断和治疗。此外，在大学生心理健康教育中，辅导员还应主动推动家校共建，形成育人合力，可通过设立家长群，定期向家长宣传和普及心理知识，推送常见心理失衡案例，引导家长树立正确的教育观念，以健康和谐的家庭环境影响和感染子女，提升心理健康教育家校共建实效。

三、辅导员在大学生心理健康教育中的角色

大学生心理健康教育是一项专业性较强的育人助人工作。高校辅导员作为大学生思想政治教育工作的主力军，是大学生心理健康教育工作的重要组成部分，是大学生心理健康教育工作中不可忽视的力量，承担着

重要角色。

（一）高校辅导员是大学生心理发展的良师益友

高校辅导员肩负教师和管理者的双重身份，是大学生成长成才路上的教育者和引领者，更是学生的知心朋友。在做好大学生心理健康教育方面，辅导员具有得天独厚的优势条件。一是辅导员与学生日常联系最为密切，最为贴近学生生活，朝夕相处使得辅导员对学生的思想及心理状况最为了解。高校实际工作中，许多辅导员相对年轻，这种年龄优势，使得辅导员易于理解学生的情感需要和价值追求，易于和学生成为朋友。多数学生愿意对与自己年龄相近、理解自己的人吐露心声，对辅导员较为信任，这非常有利于辅导员发现和掌握学生中存在的心理问题，便于采取及时有效的助人措施，防患于未然。二是辅导员进行大学生心理健康教育的工作方式和工作时间灵活多样。辅导员非常清楚学生喜爱的工作形式，加之多数年轻辅导员多居住于校内宿舍，闲暇时间可较为灵活地开展学生喜爱的活动。三是辅导员工作针对性强。大学生心理问题诱发因素多种多样，在学生心理共性的基础上，辅导员可根据工作实际需要，针对不同年级、不同专业的学生，针对性地选择心理健康教育内容和方法，贴近大学生实际需要，使工作更具针对性。如，大一入学可侧重适应性教育，大二、大三可重点关注学业压力、人际交往、恋爱心理等，针对大四毕业生可重点进行就业心理辅导。虽然辅导员在开展大学生心理健康教育中具有得天独厚的优势，但想要获得学生信任，在心理健康教育中有所为，就必须真正了解学生心理需求，丰富专业知识，用科学依据正确分析学生具体心理问题的成因，这既是辅导员发现和干预学生心理危机的前提和基础，也是做好大学生思想政治教育工作的关键。

（二）高校辅导员是和谐心理校园的建设者

大学生心理健康教育是高校培养人才、温润心灵的重要工程，也是我国高等教育为党为人民培养合格的社会主义建设者和接班人的内在要求，党和各级政府对此项工作高度重视。当下社会，年轻人学业、就业、竞争等各种压力不断增大，大学生心理健康问题日益严峻，校园危机事件层出不穷。目前,我国高校专职心理健康工作者数量不能匹配大学生对心理健康教育的需要,部分高校心理咨询中心人手严重不足。新形势下,作为思政教师的高校辅导员,较之过去,职能更加全面,职责更加清晰,已拓展到思想引领、党团建设、班风学风引领、心理健康教育等九大方面。辅导员与学生朝夕相处,工作性质和工作内容决定了其对每一位学生的家庭背景、思想品德、学习状态、性格爱好、生活习惯等均有较为全面的了解,承担着维护学生身心健康的重任。加之辅导员入职后定期接受专业技能培训,有较为全面的心理知识技能及心理辅导能力,在和谐心理校园建设过程中,有不可替代的优势,成为高校专职心理工作者的有益补充。如,学生心理健康测试、心理建档的基础性工作的组织与开展离不开辅导员工作;学业困难、经济困难等心理问题多发群体的帮扶离不开辅导员工作;学校、学院、班级、宿舍"四级"心理网络的建设与家校沟通,离不开辅导员工作;心理健康文娱活动的开展和心理危机的预防与处理,亦离不开辅导员工作。可见,辅导员是高校构建和谐心理校园的重要参与力量,必须加强学习与培训,提高工作技能与实效,帮助大学生建立健康、健全独立的人格,提高心理承受能力及抗挫折、抗压力能力。此外,部分辅导员老师充分利用业余时间,努力学习和掌握心理学相关知识和技能,考取心理咨询师从业资格证书,成为兼职心理咨询师,为学生提供专业帮助,更好地承担起了作为大学生心理健康教育者的重要职责。

高校家庭经济困难学生精准帮扶实践与探索
——基于习近平总书记“精准扶贫”战略思想

一、研究缘起

十八大以来，党和国家高度重视解决贫困问题。习近平总书记提出了“精准扶贫”思想，对实现全面脱贫、全面建成小康社会具有重要的战略意义。来自贫困家庭的经济困难大学生，往往承载着贫困家庭脱贫的真正梦想，是今后实现贫困家庭到小康家庭转变的主力军。因此，能否真正做好家庭经济困难学生的帮扶工作成为检验高校教育扶贫的试金石。

笔者长期从事专职思政教师工作，有较为丰富的困难学生帮扶工作经验，近年来在深入学习领会习近平总书记“精准扶贫”思想内涵的基础上，用该思想全面审视并优化困难学生帮扶工作，用精准的视角、精准的措施来开展帮扶工作，从物质资助、人文教育、心理关怀等三个方面对困难学生进行精准帮扶，将相关工作经验与实践应用于本人所带 2016 级学生中，通过组建困难学生“自强班”，开展形式丰富的扶助活动，帮助其成长成才，取得了较好的育人成果。

二、家庭经济困难本科学生精准帮扶的实践探索

（一）加强精准认定，解决“扶持谁”的问题

认定家庭经济困难学生是实现精准帮扶的前提，是做好后续工作的基础，是回答习近平总书记“精准扶贫”思想中“帮扶谁”的问题。

学生入学前，可通过查阅高考报名材料、电子录取档案、迎新系统等资料，主动联系学生，了解基本情况，初步掌握学生家庭经济信息，入学时主动宣传和讲解国家、学校资助政策，为特别困难学生办理入学“绿色通道”。入学后，一般由学生本人主动提出家庭经济困难学生认定申请。实际工作中，部分学生自尊心强，因“担心同学用有色眼镜看待自己”“不希望和别的同学有不同”“父母怕别人瞧不起，不允许申请”等原因，隐瞒真实家庭经济情况，排斥申请家庭经济困难资格认定，因此，可通过调阅高中档案、新生登记表、录取方式、消费记录等材料，通过谈心谈话、走访宿舍、日常观察等途径，掌握每一个学生的经济条件和生活状况，精准排查并引导家庭经济困难学生申请认定。

在认定过程中，要坚持实事求是、客观公平、公开透明与保护隐私相结合等基本原则。要以学生家庭经济状况为依据，根据学生的实际困难程度，统一标准，确保公平。认定程序、认定方法、认定内容等既要透明，以确保公正，也要兼顾尊重学生感受，保护学生隐私。要妥善选择评议方式，严禁让学生当众比困，相互比惨，不公示敏感信息，不公示隐私信息，

注意选择公示形式和公示范围，切实把“好事做好、实事办实。”

此外，根据家庭经济实际情况，按特别困难、比较困难、一般困难、临时困难四级标准划分学生困难等级。在学生中加强诚信教育，排除非贫困生弄虚作假，浑水摸鱼。如发现并核实提供虚假信息、虚假证明材料等情况，应及时取消该生帮扶资格，确保落实好“真扶贫，扶真贫”。

（二）精准选择帮扶措施，解决“怎么扶”问题

1. 精准物质资助，落实高校困难学生资助政策

为帮助家庭困难学生完成学业，全面打赢脱贫攻坚战，国家不断加大资助力度，建立和完善“国家励志奖学金、国家助学金、国家助学贷款、基层就业学费补偿国家助学贷款代偿、新生入学资助、勤工助学、校内奖助学金、困难补助、伙食补贴、学费减免及新生入学‘绿色通道’等相结合的资助政策体系”。高校辅导员在工作中应根据学生的实际困难程度采取相应资助政策，切忌用一刀切的方式对待家庭经济困难学生，避免“平衡式帮扶”“普惠式帮扶”。对无法缴纳学费的学生，鼓励申请生源地贷款、校园地贷款；对符合要求的特困生，鼓励申请学费减免；对家庭经济较为困难的学生，适当调整助学金等级；遇突发情况确有必要时，辅导员应与学校资助管理办公室联系，反映学生特殊情况，切实解决学生困难。例如，笔者曾遇“自强班”一位学生在研究生入学考试前夕不幸被骗光所有钱财。学生不敢告知家长，既担心父母批评责备，又担心增加家庭经济负担。时值考研复习的关键时段，为避免该生过度焦虑担心，能安心备考，笔者就此事与该生谈心谈话，一起分析被骗原因，教育其从中吸取经验教训，同时联系学工处，为该生争取临时困难补助和助学金。考研结束后，笔者主动为该生安排勤工助学岗位，鼓励该生依靠劳动，自食其力。此外，还要在开学、学期结束等关键时间节点，走进课堂，走进宿舍，了解学生有无生活困难，发现问题，及时帮助。总之，要明晰国家各项资助政策设立的目的和资助的意义，选择精准的方式，资助不同困难程度的学生。

精准的物质资助既要坚持统一标准，又要注意“急事特办”，既要全面覆盖，又要综合考量各方面因素，照顾特殊群体。一是要排除低保、建档

立卡、烈士子女、孤残、单亲家庭、多子女家庭等特殊情况；二是要考虑地区之间经济社会水平发展是否平衡，重点倾斜“三区三州”、偏远地区、欠发达地区、革命老区等地生源；三是要及时掌握学生家庭遭遇重大自然灾害、重大突发事件和重大变故等情况，及时向分管领导和主管部门反映汇报，及时给予物质资助和心理帮扶，帮助学生渡过难关，安心学业。

2. 精准人文教育，提高困难学生综合能力

依笔者工作经验，家庭经济困难的学生由于生活比较节俭、知识面相对较窄、缺乏实践动手能力、对未来比较迷茫，通常需要教育工作者倾注更多心血，给予更多关心和帮助。在激发贫困生奋发图强的同时，要通过多种途径，采取多种措施，依靠多种资源和各种力量，提供综合技能“出彩计划”，开展各类实用有效的技能提升培训、交流和指导，促进学生全面发展，成长成才，实现家庭经济困难学生的自我“造血”功能。

做好困难学生人文教育工作，需要同时抓好学生、家长两方面的工作。学生层面上，做好思想政治教育工作是核心，加强班级管理、营造良好班风学风、增强集体凝聚力是基础，做好学涯规划和学业指导工作是重点，做好职业生涯规划和就业指导是落脚点。在“自强班”的教育管理中，笔者从理想信念教育入手，利用多种方式和途径，引领“自强班”全体学生弘扬和践行社会主义核心价值观，鼓励学生自强不息，矢志奋斗，到国家最急迫、最需要的行业建功立业。通过开展主题团日、主题班会，组织学生学习红色经典和优秀传统文化，增强“四个自信”。通过组织学生参观南京大屠杀遇难同胞纪念馆、中国共产党代表团梅园新村纪念馆、雨花台革命烈士陵园等红色基地，进行爱国主义教育。通过组织学生学习两院院士等老一辈科技工作者优秀事迹，激励学生的“爱国情、强国志、报国行”。通过开展“青春路上，奋斗有我”主题演讲等活动，引导学生知党情感党恩。对基础较差、学业困难的同学，辅导员要主动“开小灶”，及时为学生提供学业帮扶；针对电脑知识、英语口语、社交礼仪、沟通技巧等实用技能欠缺的学生，要提供此类实用技能培训；对缺乏职业规划和求职技能的学生，要给予就业帮扶。此外，还要发挥实践育人功能，鼓励学生参与

科研实训、社会实践、国际交流，提高动手能力，扩大国际视野，促进全面发展。在帮扶过程中，要注意学生的个性、特点以及实际需要，尊重学生的个人意愿，不能因追逐工作成效和工作业绩，盲目帮扶或强迫学生参与各项帮助。

家长层面上，通过线上家长会、家长月报、家访等形式，深入联系学生家长，走入学生家庭。通过网络、电话、面谈等形式，定期和家长联系，保持有效、顺畅沟通，反馈学生进步，反映学生问题，实现家校共建，共同做好学生工作，促进学生健康成长。有一点需要注意，贫困生家长通常受教育程度较低，生活工作在社会底层，辅导员要具备一定的共情能力，在沟通过程中，要使用恰当的言语、适当的措辞，避免伤其自尊，把好事办坏。

3. 精准心理关怀，帮助困难学生身心全面发展

当代大学生心理健康问题日益严重，做好大学生心理健康教育已经成为高校育人工作的重要组成部分。部分家庭经济困难的学生由于成长环境差、生活条件苦、父母期望高等因素影响，心理比较自卑，性格比较敏感，面临的心理问题更为特殊和复杂。因此，做好精准心理关怀是实现困难学生精准帮扶的有机组成部分。对此类学生，要给予特别的心理辅导，及时提供精准的心理关怀。要定期与困难生交心，像爱护自己的父母亲人一样，爱护贫困学生。遇事应换位思考，体会学生感受。各项心理关怀工作要做好备案和反馈，做到心理健康有跟踪，身心成长有记录。此外还要掌握一定的民族学、宗教学、地理学常识，熟悉少数民族困难学生的民族风俗，尊重少数民族困难学生的信仰，了解学生家乡的地理位置、风土人情、生活习惯等，拉近和少数民族困难学生的距离，切实做好心理关怀工作。

笔者有一位藏族学生，因其家庭经济条件极其困难，入学前心理压力过大，曾考虑放弃入学。在了解相关情况后，笔者多次与该生电话谈心，详细讲解国家和学校助学政策，耐心开导其放下心理包袱，按时报到。报到后及时为其申请“绿色通道”，帮助其办理助学贷款，第一时间落实国家助学金评选和勤工助学岗位申请，解决学生经济上的后顾之忧。由于该

生数理基础薄弱，加之语言沟通存在一定困难，经与任课老师沟通，在专业课学习上给该同学“开小灶”，并邀请热情开朗、成绩优秀的学生与其结成帮扶对子。大二时，该生追随自己的兴趣从笔者所在学院转出，笔者仍关心他的学习和生活，时常与他谈心谈话，了解近况，鼓励他提高思想觉悟，思考人生意义，放飞科技理想，努力学好文化功课，实现人生价值。最终，该生顺利毕业并获得心仪的用人单位录取。

（三）将三全育人融入精准帮扶工作，解决“谁来扶”问题

高校各项工作不是孤立的。所有工作的归宿都是为“为党育人，为国育才”，为社会主义现代化建设培养合格的建设者和优秀的接班人。资助工作要想践行习近平总书记“精准扶贫”重要思想，必须将精准帮扶纳入“三全育人”工作体系，建立打破各部门工作壁垒的育人机制，发挥联动育人效应，形成全体教职员工积极参与，各单位部门互相配合，教育、教学、管理、服务等各环节统筹协调的精准帮扶联动机制，共同做好精准帮扶工作。以辅导员为主体的学工干部，是高校精准帮扶工作的中坚力量。高校辅导员要进一步学习习近平总书记“精准扶贫”重要思想相关论述，进一步领会其精神要义，进一步升华思想认识，全面提升业务技能和业务水平，做好精准帮扶工作，不让一个学生掉队。以思政教师和专业教师为主体的教师队伍，是高校精准帮扶工作的重要力量，要扬其所长，发挥教学育人和实践育人作用。其中，思政教师要以马克思主义理论课和思想政治教育课为抓手，坚定贫困学生理想信念教育，培育社会主义核心价值观，增强爱国情感和民族自豪感。专业教师要发挥专业特长，将精准帮扶工作融入课堂教学和课程思政，对贫困学生进行专业引导、学业导航、科研启蒙、科创实践、规范学术道德等相关帮助。以机关干部和部门行政人员为主体的管理人员，是高校精准帮扶队伍的有力依托，要积极主动为困难学生挖掘并提供勤工助学岗位，教授业务技能，传授管理经验。行政部门要加强和院系之间的沟通与合作，共享资源，共建机制，形成工作联动，为贫困生的成长提供资源和平台。以宿管、食堂、教超等单位工作人员为主体的后勤服务人员，要通过热心服务、争先创优，展示爱岗敬业、守法诚

信等工作风貌，发挥服务育人作用。此外，还要充分利用朋辈力量，发掘高年级贫困大学生中的党员先锋、励志模范、省级三好学生、优秀学生标兵、优秀学生干部标兵等先进典型和优秀分子，担任低年级困难学生朋辈导师，发挥其“传帮带”作用和榜样示范作用。

（四）精准帮扶实践取得良好成效

笔者在所带 2016 级学生中组建由家庭经济困难学生组成的“自强班”，寓意“天行健，君子以自强不息”，将“志存高远，脚踏实地，做合格的社会主义接班人，努力实现人生价值，服务祖国，奉献人民”作为“自强班”的奋斗理想。“自强班”共有 50 名学生，占全年级人数的 25.5％，其中藏族、维吾尔族、瑶族、鄂伦春族等少数民族同学五人。大学四年，这 50 位学生在党和国家各项政策关怀下，在精准帮扶的各项措施助力下，自强不息，矢志奋斗，取得了可喜的成绩。共有 5 名同学光荣加入中国共产党，占所在年级学生党员人数的三分之一；有 41 人共获国家奖学金、国家励志奖学金、徐新国际交流奖学金、瑞华圆梦奖学金等各类奖学金 150 余项；大学英语四级考试通过率 100％，大学英语六级考试通过率 96％；共有 42 位学生升学，占所在学院应届升学人数的 44.2％，班级升学率达 84％。其中，24 人获研究生推免资格，占所在学院保送名额的 42.1％；有 15 人考取清华大学、北京大学、南京大学等高校研究生；3 人获国外名校 PhD 全奖录取。选择就业的学生，进入华为、中国电信、TP－LINK 等电子信息相关产业，助力国家电子信息产业发展，实现了家庭经济困难学生全面成长成才。

三、家庭经济困难学生精准帮扶工作的建议与思考

为进一步贯彻落实习近平总书记“精准扶贫”重要思想，进一步做好家庭经济困难学生精准育人工作，现提出以下建议与思考。

（一）落实精准帮扶要以立德树人为根本任务

思想是行动的先导，要始终坚持理想信念教育的核心地位和根基作

用。思想工作是包括精准帮扶在内的高校一切工作的根基。从根本上讲，高校广大教职员工要牢记习近平总书记的嘱托，坚持立德树人，“坚持以钉钉子精神真抓实干”，以“春风化雨、润物无声”的态度，将工作做全、做好、做实，确保在“拔节孕穗”关键期帮助每一位家庭经济困难大学生“扣好第一粒扣子”。为此，应加强贫困学生思想政治教育工作，培育和发挥社会主义核心价值观的引领作用。全力培养学生爱党、爱国、爱校的高尚情感，树立自强、自理、自立的良好品质以及勇于担当、诚实守信、知恩感恩的美好情操。通过理论学习和实践参与，设法推动思想认知出现偏差、价值取向偏激的贫困学生回到正确的思想认识轨道。有意识地引领家庭经济困难学生认识到，在“决战全面小康、决战脱贫攻坚”的时代背景下，个人的梦想与国家的命运是交相辉映的，即便家庭贫困，仍要“志存高远，脚踏实地”，生命不息，奋斗不止，不仅要做合格的，更要做优秀的社会主义建设者和接班人，努力实现个人价值和社会价值，报效祖国，感恩社会，感恩父母，感恩师长，感恩自己，自觉将“爱国情、强国志、报国行”内化于心，外化于行。

（二）精准帮扶既要坚持“统一标准”，又要“特殊关怀”

1. 学业标准统一。现阶段，各高校通过“西部计划”“国家专项”“高校专项”等录取方式降分录取贫困地区学生。此外，新疆和西藏内地班学生、少数民族学生可享受民族加分政策。这部分学生通常学业基础相对较差。高校不能因其降分录取，就降低学业要求。相反，应更加严格地要求学生，激发学生学习的内在动力，挖掘潜在进步空间，激励学生锐意进取，“比学赶超”。

2. 德智体美劳全面发展标准统一。较之北京、上海、江苏、浙江、广东等一线城市或东南部沿海地区生源，偏远地区和贫困地区学生的综合素质有较为明显的差距，如：缺乏特长，缺乏社交能力，缺乏组织沟通能力等。高校不能因学生家庭经济困难，成长过程缺乏相应培养和锻炼，而降低美育教育、体育教育等标准。要把经济困难学生“五育并举”摆在工作的突出位置，通过制订各类成长计划，促进大学生综合素质全面提升。

3. 日常管理要倾入特殊关怀。资助工作不是简单的财物发放，高校工作者要坚持“扶贫同扶志扶智相结合”，工作思路要从管理者转换为服务者，要为贫困生筑起求学路上的后盾与港湾。既要尊重家庭经济困难学生在精准帮扶工作中的主体地位，注重学生能力提升，培养贫困学生自我教育、自我管理的能力，不包办，不代办，又要始终密切关注每一位家庭经济困难学生的生活日常，对贫困生的资助和教育管理要做到心里有，眼里有，行动有。同时，要根据每一位贫困生的不同需要，提供学业、心理、就业等方面的“定制服务”。危急时刻，要给遭遇特殊困难的学生雪中送炭，把习近平总书记“精准扶贫”重要思想落在细微之处，落到实在之处。

（三）建立精准帮扶育人长效工作机制

近年来，我国学生资助政策体系进一步完善，资助经费进一步投入，学生资助规模进一步扩大，资助工作取得显著成效。这不仅极大程度促进了教育公平，也为社会主义教育事业健康发展、全面建成小康社会和脱贫攻坚目标实现提供了有力保障。但是，“贫困之冰，非一日之寒；破冰之功，非一春之暖”。高等学校家庭经济困难学生的资助、教育、管理工作绝不是一朝一夕的事，也不是某一个学年的事，是贯穿贫困学生整个大学生涯的事，是“长期战”，是“持久战”。高校应落实国家各项政策，把握好资助工作总体方向，建立健全教职员工考核激励机制，通过评选师德师风模范、宣传精准帮扶育人先进事迹、建立平台保障等措施，调动教职员工积极性，保证教职员工有持续热情投入该项工作。同时，教师和行政人员应全面深化“三全育人”工作理念，带着爱心、耐心和责任心开展工作。通过学习，不断提高和更新个人理论水平；通过实践，不断掌握和提升育人技能；通过总结和反思，不断升华道德情操和师德师风。此外，对于已经毕业的贫困学生，要“建档立卡”，持续跟踪他们进入社会和用人单位后的成长和发展，不断总结育人工作中的得与失，不断改进完善，更好地实现“为党育人，为国育才”的奋斗目标。

四、结语

做好贫困生的精准帮扶和教育管理，是贯彻党和国家各项决策部署，全面落实习近平总书记“精准扶贫”重要思想，确保党中央、国务院各项资助政策有效落实的实际需要。高校全体教职员工，应通力配合，共同做好该项工作，“只有将家庭经济困难学生培养成才，才能彻底改变学生本人及其家庭的命运，才能有效地阻止贫困的代际传递”，才能真正实现全面小康。

浅谈大学新生入学教育

入学教育是大一新生进入人学后的第一课，是高校及基层院系日常教育管理工作的重要组成部分，也是高校针对学生“后高考时代”开展思想政治教育的重要契机。辅导员是大学生的陪伴者和引路人。如何抓住有利时机，有效开展新生入学教育，以帮助每一位学生顺利实现从高中生到大学生的转变，进而全面适应大学生活，是辅导员的重要职责。

一、新生入学教育的主旨要义

“青年是祖国的未来、民族的希望，也是我们党的未来和希望。”大学新生三观还未成熟，思想与行为具有极强的可塑性。高校尽职尽责做好新生入学教育，帮助每一位大一新生扣好大学的“第一粒扣子”，是培养肩负民族复兴大任的时代新人的需要，是“积极稳妥推进新时代高等教育综合改革”的需要，是贯彻落实全国教育大会重要精神指示的需要，也是遵循大学生成长成才规律的需要。大学是人生新的起点，是新时代有为青年建功立业的基础开端。能否做好新生入学教育将直接影响高校立德树人任务的实现、大学生人生目标的树立与学习质量的提高。中学阶段，学生通常以高考升学为目标，学校教育通常以知识学习为主，内容与形式相对单调枯燥。高考目标实现后，学生突然脱离高中阶段繁重紧张的课业，结束了紧绷的生活状态，来到环境相对自由轻松的大学，学生中学阶段受到压抑的个性得到全面释放，很多学生出现所谓“后高考时代”的目标缺失和自由散漫。新目标、新动力的缺乏进一步导致相当一部分学生对大学生活无所适从，既充满好奇与期待，又充斥着迷茫、焦虑和不安。因此，高校应抓住新生入学教育这一重要契机，通过对理想信念、党团班级建设、专业认知、学业和职业生涯规划、心理健康等方面的教育引导，帮助大一新生树立远大理想，坚定共同理想，了解校史校情，认识大学，认知自我，尽快适应新的校园文化与环境，从而明晰人生规划，热爱所学专业，毕业后到国家急需人才的行业和地区建功立业，努力成长为优秀的社会主义建设者和接班人，为民族复兴大任尽一己之力。

综上，好的开端能帮助学生顺利实现从高中生到大学生的角色转变，以良好的状态和积极的心理进入全新的大学生活，树立更加远大的目标和更加坚定的理想信念。辅导员作为高校育人的中坚力量，认真细致做好新生入学教育，帮助每一位学生扣好大学“第一粒扣子”，是义不容辞的责任。

二、新生入学教育的内容

大学新生入学教育有丰富的内容，既包含思想引领方面的内容，又包含学业导航、职业生涯唤醒等事务性工作方面的内容，具体而言，主要包括以下几点。

（一）理想信念与核心价值体系教育

“理想指引人生方向，信念决定事业成败。”理想信念是支撑当代大学生航行于实现中华民族伟大复兴中国梦征程的灯塔，是支撑大学生挺起精神脊梁的“钙”。“青年一代的理想信念、精神状态、综合素质，是一个国家发展活力的重要体现，也是一个国家核心竞争力的重要因素。”①牢固确立的人生信念会鼓舞大学生在奋勇击搏中用汗水灌溉青春。没有坚定的共产主义远大理想和社会主义共同理想，大学生就会缺乏拼搏的激情和奋斗的动力，“精神上就会‘缺钙’，就会得‘软骨病’”。② 纵观当前国内外形势，我们正处在“百年未有之大变局”，“不稳定不确定因素明显增强”，青年一代接力伟大的事业的征程必将不会一帆风顺。有坚定不移的理想信念，过强过硬的思想素质，青年学生才能自觉锻造为中国特色社会主义道路的可靠践行者和社会主义价值体系的忠实传播者。由此可见，理想信念教育是新生入学教育的第一课，也是核心一课。

（二）校史校情教育

校史校情教育是理想信念教育的延伸。校史浓缩了高校创建、发展、壮大的历程。一部科学、真实、系统的校史，凝聚了一所大学的精神内核，是大学办学传统、办学理念、治校精神、办学特色、办学水平的体现，是大学精神、大师精神与新时代学子密切联系的精神纽带，蕴含丰富的思想政治教育内容。校史校情教育是“四史教育”的重要组成部分，也是校园文化建设的重要内容。大学新生若希望尽早融入大学，必先了解学校发展历史，接受学校传统教育和校情发展教育，秉承校园核心文化基因，满怀作为该校学生的自豪感和自信心。通过参观校史馆，熟悉校史，知悉校情，发扬大学精神，传承大师精神。通过开展优秀校友代表报告与讲座等活动，以校史发展中的榜样模范甘于奋斗、敢于牺

① 出自习近平总书记 2017 年 5 月 3 日在中国政法大学考察时发表的重要讲话（见《习近平在中国政法大学考察》，新华网，2017 年 5 月 3 日）。

② 出自习近平总书记 2012 年 11 月 17 日，十八届中共中央政治局第一次集体学习时的讲话，见习近平《紧紧围绕坚持和发展中国特色社会主义学习宣传贯彻党的十八大精神——在十八届中共中央政治局第一次集体学习时的讲话》（新华网，2012 年 11 月 19 日）。

牲的感人事迹和光辉品格，引领学生爱党、爱国、爱校，建立“对真理和信仰的执着，对祖国和人民的忠诚”的决心和信心，“求真学问，求真理、悟道理、明事理”。学工干部应帮助学生锤炼坚强的意志和优秀的品格，培养奋勇争先、敢为人先的进取精神，自觉摒弃“佛系”文化、“丧”文化在校园的滋生和蔓延。

（三）学业导航

高中时期，学生仅以文理分科。而中国的大学专业共有13个学科门类，92个专业门类（不包括军事学），703个专业。相比高中学业，大学所接触的知识面更广、更深。这不仅仅需要大学生有脚踏实地、刻苦钻研的精神，还需要学生具备一定的实践动手能力，因此需要学生结合自身特长、爱好进行专业选择。但高中时期大部分学生“只顾埋头读书，不顾抬头看路”，对理想抱负、兴趣志向思考甚少，学生本人并不明晰自己真正的兴趣所在。根据笔者调查，大部分大一新生填报高考志愿时，通常听从老师、家长建议，以就业为导向，或根据其高考分数选择分数线对应学校，学生本人及学生家长对大学所学专业人才培养目标、培养计划缺乏系统深入了解。同时，大学课程学习有相当的自主选择权，学生可根据爱好自由选择需要研修的课程，涉猎科目范围之广，涉及知识之丰富，远远超出学生高中时期的认知。因此，围绕人才培养目标和培养方案，对新生进行学业生涯导航，十分必要。学院相关负责人可统一向新生介绍院系学科特色、学科建设、专业设置、师资力量、学术成果、人才培养计划等专业相关问题；辅导员可组织高年级优秀学生介绍学习方法、学习经验，根据学生个性特点、特长爱好等帮助制订学业指导计划；教务员可统一培训报道注册、选课、缓考、补考、重修、休学等学籍管理相关规定、修课事宜，以及毕业标准、学位授予标准、二次选拔、转专业等教务相关问题；相关部门负责人，可向新生介绍国际科考、创新训练、寒暑期学校、竞赛训练营等实践教学相关内容。总之，在新生入学伊始，学校学院应给予新生必要的学业导航，帮助新生及时探索适合自己的学业规划，早日确立与时代呼应的人生目标，助力学生学有所长，业有所精，在不久的将来，“把视线投向国家发展的航程，把汗水洒在艰苦创业的舞台”，“到祖国最需要的地方去，做成一番事业、做好一番事业”。

（四）心理健康教育

当今大学生心理健康问题日趋严重，患焦虑症、抑郁症、强迫症等心理疾病的学生比例日益上升，更有少数大学生患有严重的精神疾病，如精神分裂症、狂躁症等。这些心理疾病不但影响学生本人在大学期间的正常学习和生活，也给大学正常的教学和管理秩序带来巨大压力，给学生工作增加危机隐患。据笔者实际工作经验，越来越多的大学生因心理原因休学、退学，甚至自杀。有自卑、孤独、嫉妒、报复、交往困惑等心理问题的学生，很难集中精力投入学习或其他有意义的校园活动，导致成绩下滑，学业困难。而成绩下滑、学业困难又会反向加剧自卑、孤独、嫉妒等心理问题，形成恶性循环。北京某高校学生弑母事件，曾引发社会各界对大学生心理健康的关注与讨论。实际上，大学生心理健康问题绝不是学生到大学才产生的问题，有不少学生在中学阶段已然存在较为严重的心理健康问题，或存有心理危机在大学集中爆发的诱因。这主要有几点原因。一是家长对子女学业期待过高，超出学生实际能力范围，学生无法承担繁重的课业压力与激烈的朋辈竞争；二是学生自我认知出现偏差，引发心理失调；三是学生从小生活在父母的宠爱及师长的呵护之下，缺乏相应的挫折教育，无法承受困难与失败。高校应借助新生入学教育，对新生开展和普及心理健康教育第一课。通过开展心理普查，全面了解学生入学心理状态，掌握学生心理健康第一手数据资料。通过心理健康教育专业讲座，丰富学生心理健康教育知识，增强学生心理保健意识，自觉营造积极健康的校园心理环境。通过开展团体辅导与心理素质训练，提升大学生心理调适能力，引导学生养成不怕失败的心理素质，树立乐观向上的人生态度，敢于勇于面对各种困难和挫折。此外，还要做好新生的班级心理建设，引导学生团结友爱，互相帮助，借助集体的力量，正确看待负面情绪和心理咨询，遇到困难主动寻求父母、老师或同学帮助，避免校园心理危机事件的发生。

（五）感恩教育

知恩感恩，是中华民族的传统美德，是当代大学生应具的美好情操。知恩感恩是一种生活态度，也是为人处世的基本准则与起码修养。经济社会的利益思潮、互联网时代不良信息的传播，正侵蚀着青少年纯洁的心灵——一些大学生道德水准滑坡，对他自私冷漠。家长的极度呵护也使得部分大学生一味索取、不知回报。对大学生来说，感恩教育绝不是简单回报父母的养育之恩，它是一种责任意识的树立、自立意识的培养、自尊意识的觉醒和健全人格的体现。做好新生感恩教育，一是要引领学生感恩党和国家。青年一代正处在中华民族伟大复兴的历史机遇。中国共产党团结和带领全国各族人民，改变了中国积贫积弱的面貌，使中华民俗屹立于世界之林。特别是改革开放四十年以来，中国取得了令世界瞩目的成就，中国人民的生活发生了翻天覆地的变化。这些幸福的生活，来自无数革命先辈、仁人志士的流血牺牲。青年一代，理应珍惜来之不易的安定环境与幸福生活，当努力，当自强。二是要引领学生感恩父母。绝大部分父母在子女成长的过程中，倾注了世界上最无私的爱，付出了无法计量的时间和精力，尽全力为子女创造最好的学习生活条件。大学生有义务用刻苦的努力和光明的前程回报父母的生育之恩，养育之情。三是要感恩老师。“国之将兴，尊师而重傅”。尊师重教历来是中华民族的优秀美德。大学生应尊重老师的辛苦付出，感念老师的无私栽培。作为“未来实现中华民族伟大复兴中国梦的主力军”，大学生应感恩自己的老师——“打造这支中华民族‘梦之队’的筑梦人”。此外，大学生还应感恩自己。人生果实的结出，除了时代际遇，也离不开个人的努力付出，大学生应感恩自己的勤奋与努力，成就了更好的自己。

（六）诚信教育

诚实守信是中华民族自古以来的美好追求，是社会主义核心价值体系的重要导向，也是大学生思想政治教育的重要组成部分。大学生诚信教育主要针对违反考场纪律的考试作弊行为、违反学术规范的论文抄袭行为以及其他诚信行为。诚信教育并非我国新生教育特有，哈佛大学、耶鲁大学等世界名校自学生入校伊始，就与学生签订学术诚信合同，对学生诚信缺失行为进行制约。由于新生刚进入大学，放松心态，总有少数学生平日学习态度不端正，复习准备不充分，考试时心存侥幸，铤而走险。还有一部分成绩优秀的学生，为在保研、奖学金评选中保持优势地位而作弊。另有极个别同学，科研数据造假，学术行为不端。辅导员在新生入学教育中要采用正反两方面的例子，积极主动培育和弘扬社会主义核心价值观，帮助学生树立诚实守信等思想观念，引导学生在规范学术道德、遵守考场纪律等方面自觉践行诚实守信。

（七）法制与安全教育

遵守法律法规是大学生作为公民应尽的基本责任和义务。大学新生首次离开家乡，异地求学，离开父母的呵护，缺乏社会经验，自我保护意识淡薄，安全防范意识薄弱，容易给不法分子可乘之机。校园贷、网络电信诈骗、校园安全事故频发。少数大学生为博眼球，在网络散布或传播虚假信息，中伤诋毁他人等不良行为时有发生。高校应借助新生入学教育，深入开展警示教育，为新生上好安全法制第一课，引导大学生牢固树立坚实的人身、财产安全意识，自觉遵守法律法规与校纪校规，对自己的一言一行负责，积极展示新时代青年健康向上的精神风貌。

三、新生入学教育工作建议

第一，树立“大学工”意识，形成“大思政”局面。新生入学教育涉及思想、心理、学业等各项工作，涉及学工处、教务处、心理中心、保卫处等多个部门。因此，新生入学教育不是孤立的学生工作，是一项系统工程，需要高校各个部门、各个岗位、全体教师齐心协力、共同努力。作为主要力量和工作桥梁，学工部门应统筹协调资源，有效利用教育平台，深度挖掘教育素材，创新工作理念，探索全新工作路径，形成“大学工”“大思政”，同心同德做好新生入学教育。其中，辅导员平日与学生接触最多，对学生最为了解，应突出发挥育人的重要作用。

第二，普遍教育与个性教育相结合，常规教育与精准教育相结合。由于成长环境、教育背景不同，每个学生都是独一无二的个体，而不同个体对大学的认知存在一定的差异。例如，城市学生通常见多识广，相对较容易适应大学校园生活；而偏远地区、家庭经济困难学生受环境制约，对大学缺少了解，相对需要较长适应期。辅导员可设计“零学期”计划，即在学生收到录取通知书后，通过问卷星调查、线上访谈、线上会议、微博超话等年轻人喜闻乐见的形式，结合当届学生思想行为特征与个性特点，调研学生入学前存在的普遍困惑与实际需求，结合高校育人、教学实际，在传统新生入学教育基础上，针对部分特殊群体需要，分类指导，精准教育。总之，在进行新生入学教育方案设计时，既需要考虑群体需要，又需要考虑个体的特殊需要，要将普遍教育与个别教育相结合，常规教育与精准教育相结合，做到“既照顾到面，也照顾到点”。

第三，传统模式与创新模式相结合。传统的新生教育主要以参观、讲座、报告为主。后疫情时代，根据新冠肺炎疫情防控常态化要求，学生尽量避免大规模聚集。这既为线下新生入学教育活动带来挑战，也为学生工作创新工作模式带来契机。学工队伍应因时而变，依势而为，主动出击，迎难而战，积极主动占领网络育人阵地。通过线上主题班会、微课、微展示等形式，积极探索符合 00 后大学生思想与心理特点的育人模式，提升育人实效。

第四，发挥学生主体作用，实现学生自我教育、自我管理、自我服务功能。传统新生入学教育过程中，教育者多采取灌输法，即：在规定的时间、规定的地点，重点将高校规章制度、校史校情等“硬性知识”传输给学生，这是一种典型的“单向教育”。这种教育模式下，教育者对学生探索性引导和鼓励性引导较少，学生的主体地位没有得到突显，主体作用没有得充分到发挥。为弥补这种方式的不足，学工队伍可考虑采取多样教育模式，多种教学手段，想方设法有效调动新生自我表达、自我认知、自我塑造的积极性，培养新生主动发现问题、积极解决问题的意识，从而彰显新生在入学教育中的主体地位，进而实现新生自我管理、自我服务功能。

工科新生适应性问题分析与对策

不同年级阶段的大学生有不同的特点和任务。一年级新生刚踏入大学，对新环境充满好奇和新鲜感，同时也存在迷惘和困惑。对于新生而言，主要任务就是尽快完成角色转变，融入新集体，适应大学的学习和生活。近年来，大学生中独生子女的比重增高，学生入学前缺乏独立性锻炼，入学后的适应性问题更加突出。工科学习任务重，学习方式与中学阶段相差大，给新生适应新环境带来更大困难。高校教师能否做好适应性引导、教育工作，直接影响到学生能否顺利度过大学阶段，关系到学生未来的成长、发展。因此，适应性教育是高校教师一项十分重要的工作。为了解学生在大一时候的适应情况，帮助更多的学生更好地完成大学学习，笔者于 2010 年 10 月对南京大学电子科学与工程学院 2009 级 180 名学生做了适应性问卷调查。

一、大学生适应性问题研究的意义

适应是指个体主动调整自己的机体和心理状态，使自己的行为符合环境条件的要求，以及努力改变环境条件，以使自己能够获得更好发展的能力倾向[1]。适应是发展的基础，也是发展的助推剂。

大学新生的适应性状况直接影响其大学阶段的成长发展。新生刚通过高考的"独木桥"，离开老师的严格管理和父母的精心照料来到大学，对大学学习和生活的特点还不熟悉。突然的转变容易导致学生的不适应，学生若不能成功度过这段关键的适应时期，以后的学习和生活会受到很大的影响，甚至会诱发心理问题，导致意外事件发生，影响学生的成长成才。

大学新生的适应性状况关系到高校教育质量的提高。新生只有适应了新环境，才能更好地投入学习，才能积极组织参加课外活动，培养学习能力，全面提升自己的综合素质。大学新生的适应性教育是大学教育的开始，是整个大学教育过程中十分重要的环节，将影响到后续教育的质量。

二、工科大学生适应性现状调查分析

（一）学习上不适应

经调查，47％的学生认为所学的课程需要进一步指点，其中工程性专业课程的比例更高，为64％。大学阶段的学习与中学阶段的学习相比，在内容、方法等方面发生了很大变化。中学教育是在教师和家长双重束缚下进行的，一般以教课、练习为主，授课内容较少，老师往往举一反三，使学生细嚼慢咽。这个阶段学生们习惯于被动的学习方式。但大学学习内容多、难度大、涉及面广，老师课堂讲授速度快、课后督促减少。老师往往只是讲授有关内容的重点和难点，介绍学科基本分析方法和学科前沿，大部分的内容需要学生自己去学习把握，这就要求学生在学习上变被动学习为主动学习。

学生除了对大学的学习方式不甚适应以外，对于专业性课程的学习方法更不明确。从问卷调查统计，认为数学、物理等学科学习非常吃力的学生占4%，而有45%的学生认为工程性专业课学习非常吃力。这是由于数学、物理的学习方法和中学相似，学生稍微甚至不改变学习方法就可以适应这些课程的学习。而对于工程性专业课程，仍完全按照相同的学习方法去应对，结果是事倍功半。调查中发现70%的学生感觉实验课程学习吃力，88%的学生感觉实验课程学得不够好。中学教育往往忽略实验教学，学生实验能力的缺乏也是影响工程性专业课程学习的一个重要原因。

（二）心理上不适应

从调查结果统计，99%的学生感觉周围有同学比自己“牛”，甚至有7%的学生感觉周围同学都比自己强。学生入校前，都是班级的佼佼者，备受老师、家长、同学的青睐，入学后，发现周围高手如云，优越感不复存在，这种落差容易导致心理上的障碍。

很多中学为了减少事故，对学生做了全方位的保护，只求躲避问题，不求从根本上解决。例如，为了防止学生因成绩不好受家长批评后，产生心理问题，直至轻生，有些中学拒绝公布学生的成绩排名。学生进入大学后，就像猛然离开“无菌室”，一点轻微的挫折都可能成为致命的打击。

学生在中学期间往往会把大学想得过于完美：幽静的校园、丰富多彩的课余生活，甚至完全不用上课。入校后发现现实与理想相差甚远，学习任务依然较重，仍旧要重复宿舍、教室、食堂三点一线的枯燥生活。一种高期望的落空感油然而生。有些学生了解到一些社会阴暗面，不能全面地看待问题，致使其产生消沉、悲观的心态。中学时，学生的目标非常明确，就是高考；进入大学后，学生目标缺失，失去奋斗的动力。根据调查结果统计，经大学一年的学习后，仍有78%的学生对自己毕业后的去向没有计划。

调查中还发现，女生的平均压力指数为7.1，大于男生的平均压力指数5.7(压力指数最大为10，最小为1)。女生感觉到的压力大于男生，原因在于女生大多给自己定了过高的目标，目标实现状态不佳，导致过大的心理压力。

（三）生活上不适应

调查中发现，30%的学生情绪波动大，容易产生焦躁、忧虑的情绪；33%的学生睡眠不好。中学时，学生或者住在家中，或者即使住校，离家也很近，再加上万事以高考为重，学生基本上过着“衣来伸手，饭来张口”的生活，直接导致学生依赖性强、自理能力差。离开家到异地读大学后，吃饭要到食堂排队，衣服要靠自己手洗，这种变化让很多同学感到不适应，甚至出现情绪波动大、睡眠不好、体质下降等问题。

由调查结果统计，35%的学生对自我管理情况不满意。中学时，大多数学生在老师家长的监督下，遵循预定的计划学习生活。进入大学后，突然缺少了家长和老师的约束，不少同学不能自我管理，养成逃课、沉迷游戏的不良习惯。

（四）人际交往不适应

新生在中学时大都是班上的尖子生，在家更是“小皇帝”“小公主”，与人交往时，一般都以自己为中心，缺乏与人沟通的技巧。入校后，面对来自五湖四海的同学，难免无所适从，产生社交恐惧心理，同学之间产生了矛盾以后，也不知如何去处理，于是产生苦闷烦躁的心理，严重者出现冷漠、自闭的情况。调查中发现，经过大一一学年后，92%的同学希望和大家交朋友，但22%的同学感觉新班级没有知心朋友。希望交朋友，但交不到知心朋友的矛盾，反映出新生缺乏沟通技巧、适应能力不强的问题。

三、工科大学生适应性问题对策

（一）认真开展新生入学教育和心理健康教育

对新生开展入学教育，让学生充分了解学校的历史现状，树立对学校的信心。创建师生对话的沟通平台，由学院领导、教师向学生介绍学科发展状况、培养模式和学习方法，学生可以通过平台自由向教师咨询，尽快了解大学和自己所学的专业。

进一步发挥党员学导的作用。党员学导是南京大学电子学院针对新生适应性问题，而为新生配备的一批高年级的优秀学生党员，他们在思想、学习、生活等方面对新生进行指导，使新生迅速适应大学生活。由于年龄接近、身份相同，党员学导容易与新生打成一片。党员学导可以通过自身经历，引导学生理性地看待挫折和不良现象，正确地理解大学。

辅导员通过走访学生宿舍，尽快了解学生生活状况。开展新生心理普查，把握学生心理状况。通过论坛、博客，重点关注可能存在问题的学生，开展心理辅导，排除潜在问题。辅导员可以通过结合实例等方法，引导学生正确认识自己，既不妄自尊大，也不妄自菲薄。辅导员还应帮助学生制定合适的目标。如果学生制定的目标过高，辅导员应引导学生做适当调整，最终的目标可以循序渐进地实现。而对于压力过小的学生，辅导员应鼓励学生提高对自己的要求，充分挖掘自己的潜力。

（二）切实加强新生学习方法指导

第一，帮助学生认清大学学习的重要性，摆正心态，端正学习态度。高中学习期间，一些家长和老师经常用“高中苦一点、累一点没关系，等考上大学就好了，学习任务轻，可以尽情玩”等类似观点误导学生。高校教师要教育学生及时调整心态，尽快转变角色，充分认识到学习在大学生活中的重要地位，进一步确立学习是大学生的首要任务的观念，引导学生尽快将主要精力投入到大学学习中去。

第二，通过师生交流、老生介绍经验的方式，让新生了解大学的学习方式，学会自主学习，找到适合自己的学习方法。鼓励学生虚心向老师同学学习。学生们各有所长，要正确认识自己，取人之长，补己之短。

第三，工程性课程学习要理论和应用相结合，要鼓励学生课后参考相关课程的应用实例，培养兴趣。实验不仅可以培养学生的动手能力、解决问题的能力，也是巩固理论知识，加深对理论认识的重要工具，要教导学生认识实验课程的重要性，课后留意知识在身边的应用，通过动脑动手，培养学生的学习兴趣，提高专业课程的学习质量。

（三）积极加强班集体建设

新生刚到一个陌生的环境，加上缺乏交流技巧，容易陷入孤立的境地。辅导员要多与学生接触，了解学生的生活学习状态，及时排解学生的困惑，帮助学生树立正确的世界观、人生观、价值观。同时，尽早建立班干部队伍，由班干部组织集体活动，增加学生间的了解，增强班级凝聚力。

鼓励学生在集体活动中增加相互间的交流，在交流中锻炼自己的表达能力、与人交往能力、解决矛盾的能力，在交流中发现自己和他人的优缺点，虚心向身边的“牛人”学习，取长补短，让自己进步得更快。集体活动后，鼓励学生在博客、论坛中写文章总结自己感受和认识，促进大家相互学习。

班级组织的集体活动中，可以包括一些集体体育比赛，通过比赛号召学生积极参加体育锻炼，增强体质。而且体育运动有利于改善学生的不良情绪，促进学生学习保持健康、积极的心态。

（四）尽早督促学生做未来规划

越早确定目标，将来就会越可能成功。辅导员可以组织讲座，由成功的学长学姐向新生介绍规划与成功的关系，引导学生认识到尽早作规划的重要性。辅导员还可以在年级大会上，介绍学院各专业的研究方向；同时邀请各专业的老师给学生以讲座的形式具体介绍学科的研究发展方向。学生在了解学科研究方向和就业出路后，可以结合自己兴趣和优势，通过和高年级同学、老师讨论，尽早为自己做好未来规划。还可以组织未来规划大赛，充分调动学生规划未来的积极性。

有了规划以后，学生可以进行时间管理，给自己制订每日、每周、每学期的计划，定期检查自己计划的执行情况，并向辅导员报告。借此，在督促学生进步的同时，逐渐培养其自我管理能力。

四、结语

大学是人生的重要阶段。大学新生的适应性问题是高校教师面对的一个重要任务。工科教师要结合学科特点，认真开展新生入学教育和心理教育，引导学生找到合适的学习方法，督促学生树立正确的方向，加强班集体建设，使新生尽快适应大学的学习生活。

本文与南京大学电子科学与工程学院柏业超合著。

高校就业工作经验探索与对策提升
——基于辅导员视角

一、研究缘起

实现大学生高质量就业是高等教育"为党育人,为国育才"的落脚点,是检验大学办学水平的试金石,也是广大家长的期盼所在。认真学习、贯彻、落实党和国家各项就业方针和政策,积极推动毕业生在现代化建设各行各业建功立业,对全面建成小康社会,实现立德树人根本任务,培养合格的社会主义建设者和接班人具有重要意义。

2020 年,高校毕业生就业形势复杂严峻。经济下行、新冠肺炎疫情、中美贸易摩擦等多重不利因素叠加影响,毕业生正常的求职、出国等,困难显著增多。面对困难，党和国家高度重视，统一决策部署，积极出台各项政策，多措并举推进和扩大大学生就业。如，教育部 2020 年 3 月出台《关于应对新冠肺炎疫情做好 2020 届全国普通高等学校毕业生就业创业工作的通知》。通知要求，扩大应用型专业研究生招生规模，扩大中小学教师等重点领域招聘，开辟多元就业途径灵活就业，鼓励毕业生参军入伍等。又如，习近平总书记在 2020 年 7 月 7 日给中国石油大学(北京)克拉玛依校区毕业生的回信中，深切嘱托："各级党委、政府和社会各界要切实做好高校毕业生就业工作，采取有效措施，克服新冠肺炎疫情带来的不利影响，千方百计帮助高校毕业生就业，热情支持高校毕业生在各自工作岗位上为党和人民建功立业。"因此，如何正确认识大学生就业工作的重要性、紧迫性、严峻性，如何有效团结和发挥各方力量，确保就业形势稳定，促进经济社会稳定发展，助力全面实现小康社会，是摆在高等教育工作者面前的现实问题。

笔者长期担任本科生辅导员，工作在高校学生工作第一线，有丰富的大学生就业指导工作经验。疫情之年，笔者深入摸底，积极动员，克服内外部种种不利影响，耐心细致做好毕业班就业工作，带领 2020 届本科生站好最后一班岗，取得了较为圆满的就业成绩。笔者所带本科毕业生 185 人，其中，国内升学 98 人，保研 57 人，41 人考取北京大学、清华大学、南京大学等国内知名高校研究生；出国深造的 21 位同学，收到加州理工、UC 伯克利、杜克大学等国外顶尖大学的录取；国防生 4 人；选择就业的同学进入华为、TP－LINK、海关总署、上海银行、中国联通等单位。最终实现年初调查就业率不足 60％到终就业率 100％的大逆转(2020 年)。因此，笔者以辅导员视角，将大学生就业工作经验进行总结，期待更好地做好就业指导工作，以不辱使命，不负重托。

二、"立足脚下"与"着眼未来"：大学生就业工作经验浅谈

(一) 深入思想动员，做好新生导航教育，狠抓学业、就业两根弦

大学生就业绝不是一朝一夕的工作，更不是大四一学年的任务，大学

生就业指导与就业服务应全程贯穿整个大学生涯。因此,要想做好大学生就业工作,必须从大一新生入校开始,唤醒学生职业生涯意识。所谓“思想是行动的先导”,针对大一新生“后高考时代”的散漫、迷茫、不思进取等问题,笔者从学生一进校开始,就广泛开展思想动员,深入贯彻南京大学“熔炉工程”生涯发展支持之“青”计划,积极宣传国家就业工作的方针政策,帮助学生从思想上树立正确的学习观、就业价值观及就业大局观。一方面,笔者坚持“请进来”的工作理念,积极开展学业导航系列活动,邀请知名科学家、优秀企业家、青年海归学者、毕业生典型走进讲堂,走近学生,有意识地用榜样的力量,对学生进行职业生涯唤醒。另一方面,通过组织开展“院士回母校”“奋斗小康,青春有我”等主题活动,坚定学生“成为学习力、创新力、思想力兼具,科研情怀与家国精神兼具的时代新人”的宏远志向。此外,笔者在本科生日常教育管理中,持之以恒狠抓学习,力争每个学生不掉队,重视培养学生科研训练、科技创新热情,希望借此帮助学生为今后职业生涯打下坚实的专业基础。通过简历大赛、模拟面试、职业生涯规划大赛等活动,有意识培养学生明晰生涯规划、清晰职业定位、发现问题、解决问题的能力,全面提升学生就业技能。

（二）围绕人才培养目标,做好实践育人工作,促进学生就业综合能力提升

笔者所在学院设立专业为电子信息与技术、通信工程、微电子与集成电路等新工科专业,人才培养目标为“培养新兴产业和新经济所需要的实践能力强、创新能力强、具备国际视野和国际竞争力的高素质复合型领军人才”。为更好地实现这一目标,精准培养新工科学生实践动手能力,一方面,笔者以“学术科创”和“第二课堂”为抓手,依托学院国家级实验教学示范中心,积极参与实践教学工作、教改项目和校企平台建设。另一方面,笔者坚持“走出去”的工作理念,引导、鼓励、帮助学生走进实验室的同时,带领学生走进实习基地、走进企业、走进国外高校,努力做好实践育人工作,有意识地引导学生关注行业技术前沿和技术壁垒,培养学生团结合作、刻苦钻研的精神,锻炼学生克服困难、应对挫折的意志力,提高学生综

合素质和就业技能。2019 年暑期,笔者带队前往美国俄亥俄州参加"南京大学—代顿大学工业 4.0 国际科考项目",带领学生走进国外高校实验室,体验国际科研实训,走进美国工厂,直观感受工业自动化,在积极拓展学生国际视野的同时,提高新工科学生实操能力。

此外,笔者研读国家各项灵活就业政策,鼓励和支持学生积极参加"互联网+"大学生创新创业大赛、"挑战杯"全国大学生课外学术科技作品竞赛、"TI 杯"全国大学生物联网大赛、全国大学生电子设计大赛等多项创新创业比赛,引领学生以赛代练,以赛促学,比学赶帮,争先创优。

(三) 创新管理模式,做好家庭经济困难学生工作,就业路上一个都不能少

笔者在 2016 级学生中组建"自强班",引领贫困生"自强不息,矢志奋斗"。班级 50 位贫困学生升学 42 人,占学院 2020 届升学人数的 44.2%,班级升学率 84%。其中,24 人保研,占所在学院 57 名推免名额的 42.1%;15 人考取清华、北大等高校研究生,新加坡国立大学等海外高校全奖 PhD 录取 3 人。就业的学生进入华为公司、TP-LINK 等知名电子企业,助力我国半导体、芯片产业发展。日常教育管理中,笔者在思想上、学习上、经济上、心理上多措并举解决家庭经济困难学生面临的实际困难和问题。就业季,笔者针对"自强班"学生,特别是"建档立卡""三州三区"少数民族等特别贫困学生,重点关注,分类帮扶,引导学生树立克服困难的决心,建立积极向上的就业信心。组织学生干部成立就业帮扶小组,鼓励已签约的优秀学生与困难同学一对一结成"心火传递"互助对子。通过往届优秀毕业生开展针对性内推,为就业困难的贫困学生争取面试机会,成功帮助多位家庭经济困难学生顺利实现就业。此举收到良好效果,受到江苏省教育厅资助中心肯定,以《南京大学|电子学院 2016 级"自强班"的成长故事》为题,获"学习强国"报道。

(四) 细化工作安排,做好毕业生就业指导与服务,打赢就业之战

大三下学期开始,笔者着手对毕业班进行就业实战辅导与准备工作。通过开展主题班会,精准宣传动员"大学生村官""三支一扶""西部计划"

等基层项目，耐心解读参军入伍、灵活就业、自主创业、稳定就业等各项政策。邀请就职名企的往届毕业生传授求职、就业经验。对毕业生出国及就业意向进行精准摸排，建立就业信息数据库，成立出国、求职、考研、公考等各类就业小组，有效利用“部、省、校三级联通”的就业网络体系，分门别类搜集、推送就业信息。利用自身的留学与工作经验，对学生求职简历与出国申请材料、面试技巧等进行针对性的辅导与修改。新冠肺炎疫情暴发后，在学生一再推迟返校的情况下，笔者果断采取各种线上措施，充分发挥网上就业服务能力，千方百计帮助学生就业。通过线上动员会，讲解疫情对经济的冲击和影响，引领学生认清当前就业形势，降低工作预期，理性就业。实时更新学生“就业彩虹数据库”，及时跟进学生就业进展。疫情期间寄送毕业生推荐表、就业协议书等各种证件资料，协助学生解决各种实际困难。同时，笔者非常注重就业心理建设，通过线上主题班会、走访宿舍等方式及时关心掌握毕业生思想动态及心理状况，通过谈心谈话等方式有针对性地缓解毕业生就业心理压力，疏导就业焦虑情绪。同时加强就业安全教育，提醒毕业生严防各类就业陷阱与欺诈。此外，笔者充分利用“五老育人”力量，深度挖掘学院在职教师、校友资源，主动联系合作企业，推荐毕业生，大大拓展了学生就业渠道，顺利实现应届毕业生100％就业。

三、后疫情时代大学生就业工作建议

后疫情时代全球范围内不确定因素增多，大学生就业工作任重道远。辅导员作为高校就业工作的重要力量，应积极响应党的号召，认真落实国家各项政策，迎难而上，敢为先锋，主动作为，灵活应对，真正做到一时一刻不放松，一丝一毫不马虎。为此，需要做好以下几点。

（一）强化思想意识，高度重视疫情带来的持续影响，打有把握就业战

新冠肺炎疫情蔓延，对世界政治经济影响远超出预期。考虑到中美

贸易大趋势，今后的毕业生出国、就业可能面临更严峻的挑战，这对辅导员今后的就业指导工作提出了更高的要求。为此，学工干部要认真学习贯彻习近平总书记在统筹推进新冠肺炎疫情防控和经济社会发展工作部署会议上的重要讲话精神，领悟落实党和国家系列重要指示批示精神，戒骄戒躁，迎难而上，勇当先锋，积极作为。辅导员还要密切关注就业形势变化，科学分析，精准研判，提前谋划，“打有准备之仗”。不仅要帮助学生实现共同就业，更要帮助学生实现高质量就业。

（二）坚守“首责主业”，做好思想教育工作，引导学生树立正确就业价值观

思想工作是党在革命和建设时期持续取得辉煌成就的制胜法宝。辅导员是高校立德树人的重要力量，做好思想政治教育工作，帮助学生毫不动摇的坚定理想信念，坚持“四个自信”，树立远大目标，是辅导员的天然使命和重大责任。为此，在就业工作中辅导员要毫不动摇地坚守思想政治教育这一“首责主业”，教育学生自觉践行社会主义核心价值观，引领学生自觉树立正确积极的就业价值观，帮助学生“抬头看路”。鼓舞学生牢牢把握“我们正面临新一轮科技革命与产业变革”这一难得的历史机遇，引导学生脚踏实地，奋发图强，“聚力服务脱贫攻坚和乡村振兴战略”，到国家人才最紧缺的行业和地区建功立业，实现高等教育“培养德智体美劳全面发展的社会主义建设者和接班人”的根本任务，实现辅导员“为党育人，为国育才”的初心和使命。

（三）落实“三全育人”重要思想，统筹各方力量，把就业工作做细、做实

“就业是最大的民生。”大学生就业工作绝不是高校某一个部门的责任，也不能仅仅依靠某些教师的热情，而是一项需要学校、教师、学生、家长齐心协力、提早规划、共同谋划、持之以恒去实践的系统工程。为此，高校各个部门、各方力量应充分发挥自身优势，打破工作壁垒，加大工作力度，加强信息沟通，聚力就业指导，合力推进大学生就业工作。作为学生工作一线教师，辅导员应该强化责任意识，自觉落实“三全育人”各项要

求，在统筹协调各方的过程中，发挥“润滑剂”和桥梁作用，发掘利用各类资源，共同服务大学生就业工作。在协调各方的过程中，辅导员要特别注意完善细节处理，优化提高工作方法，把职业生涯规划和就业指导作为重点工作之一，以发挥“授之以渔”的重要作用。

（四）加强理论研究与培训，紧密联系实践，全面提升就业指导技能

理论来源于实践，理论对实践又有强大的指导作用。辅导员应加强理论学习，积极参加各类就业工作坊与培训，主动参与就业工作相关课题与项目研究，通过各种途径提升就业指导理论与就业服务能力。辅导员还应拓展就业指导思路，制定就业工作方案，搭建校企建设平台，强化“互联网＋就业创业”意识，重点做好人才供需对接，切实将生涯指导与就业工作的理论知识贯穿到学生的日常学习生活的实践中，确保就业形势稳定。此外，还要建立健全就业反馈机制，建立往届毕业生数据库，跟踪毕业生就业情况与职业发展状态，为在校生就业指导做好“蓄水”工作。

四、结语

就业是“当前一项紧迫的政治任务”，辅导员应细化工作规划和安排，尽早开展生涯导航，有目标、有方向地进行生涯唤醒和职业规划指导，督促学生脚踏实地，踏踏实实走好大学每一步。总之，作为大学生思想的引领者和大学四年的陪伴者，辅导员既要“立足脚下”又要“着眼未来”，既要“鞭驽策蹇”也要“春风化雨”，要有“钉钉子”的精神，持之以恒，灵活创新。只有耐得住寂寞，才能把工作做细、做实；只有深耕就业工作，才能赢得学生未来。

大学生留学规划指导与思想政治教育融合研究

一、研究缘起

随着中国经济的发展与中国人民生活水平日益提高，我国教育国际化程度日趋加深，越来越多的普通家庭开始重视教育投资，高校毕业生出国留学人数持续增加。大学生留学相关问题成为高校学生事务管理与服务的热点议题之一。目前国内学术界对于大学生出国留学的探究，多集中于留学现状与趋势、留学动机、留学必备能力等问题，如，印凯、王颖等在《高等教育普及化背景下赴美留学转向及其动机探析》中指出，“中国学生赴美留学已从以学历生为主转向学历生和自费生同增并长，专业选择越来越集中在STEM领域。”关锐等在《关于大学生出国留学情况的研究分析及相关问题的解决方案》中提出，丰富人生阅历，追求高质量研究生教育是大学生出国深造的主要动机。学者郎瑾、翁震华在《大学生留学必备能力探析——基于浙江科技学院中德联合培养本科生项目的实证研究》一文中提出，大学生应具备语言能力、分析选择能力、适应新环境能力、自我管理与自主学习等六种能力。相对而言，现有的研究疏于探讨大学生留学规划指导相关问题，尤其是将思想政治教育工作融入留学规划指导相关研究。笔者长期从事学生工作，接触大量有出国留学意愿的学生，出国留学已成为本科毕业生考研、求职之外的第三大出路。笔者认为，留学规划指导是大学生生涯规划指导的重要组成部分，做好该项工作是做好大学生就业工作的需要，梳理与之相关的问题具有重要理论价值与现实意义。

二、留学规划指导的内涵与外延

对于留学规划指导内涵特征的把握，有助于全面理解留学规划指导何以成为大学生思想政治教育工作中不可或缺的环节，从而助力高校实现立德树人根本任务的价值意义。留学规划原指在支付一定经济报酬的基础上，从事留学咨询或中介业务的机构，为留学意向人员提供出国留学规划方案，包括综合背景分析、出国语言考试规划、专业选择、申请学校推荐、专业实习指导、学术背景提升建议、文书撰写、面试辅导、签证培训等内容。在高等教育人才培养语境下，留学规划指导是指高校从事就业指导的教师通过运用适当的思想政治教育方法，在对具有留学意向的学生进行思想引领和核心价值体系灌输基础上，通过提供主客观条件测定、分析、总结，启发学生对个人学习能力、专业兴趣、职业倾向、性格特点等因素进行综合分析与考评，确定学生最佳的留学目标计划，并对学生实现这一目标计划做出行之有效的跟踪与指导。此种语境下的留学规划指导强调价值引领基础上启发大学生思考的方法、选择的视角和能力的提升，而非一味鼓励学生选择境外深造或大包大揽替代传统中介职能。此种语境下的留学规划指导既体现高校立德树人根本任务实现与学生个人追求、个人价值实现的有机统一，又体现高校学生事务管理与服务具有与时俱进、开放包容的胸怀。把握本科生留学规划指导的内涵和外延，可以从目的、能力和可行性三个角度出发。一是目的角度，主要是指具有留学意向的学生为什么选择出国留学。究竟是深具科学情怀梦想扎根世界一流大学潜心科研，还是盲目跟风，看到周围优秀的同学有出国打算，自己也不甘示弱？究竟是盲目羡慕国外宽松的教育、就业、生活环境，选择逃避国内教育压力，还是希望丰富人生阅历，寻求移民和海外发展机会，体验跨文化交流？这就要求高校就业指导相关工作人员在着手留学规划指导时，首先要理清学生出国留学的动机。只有具备清晰明确的动机，学生才能真正具备实现梦想的前进动力，才能制定真正符合自己需要的留学计划，留学申请成功的概率才会更高。相反，没有清晰明确的目标，仅仅把留学视为“花钱镀金”的“为了出国而出国”的想法是十分不明智的。此外，还有少数学生抱着享乐主义和自由主义的观点，低估出国读书的困难和风险，进而荒废学业。二是能力角度，主要是指具有留学意向的大学生应当具有的适应出国留学的能力储备。该问题主要从两方面考察。首先是知己，即大学生应当了解自己的优势与劣势，清晰自我认知。留学是一项耗时、耗力、耗财的系统工程，并非所有具有出国意愿的学生都适合规划出国。品格坚毅的学生往往能够克服困难，坚守到成功；性格开朗、具有良好心理素质及抗压能力的学生，往往更能适应跨文化学习生活环境；性格沉稳的学生往往更合适国外研究型大学严谨保守的校风学风。其次要知彼，即有出国计划的同学，需要全面了解国外高校的录取标准及跨文化生存需要具备的能力。具备出色领导力、表达力、组织力的学生，在申请时往往能脱颖而出；具有快速学习能力及辩证思维的学生，通常更适应国外的教学方法和学习氛围。不同的国家、不同的学校，对学生衡量的重点不同，有些国内传统教育眼光中的“怪”学生，在国外高校眼中，恰是一朵“奇葩”，有独特的价值与魅力。此外，准备出国留学的学生还要具备一定的环境适应能力、国际交流与比较能力、人际沟通能力、独立生活能力，掌握一定的国际礼仪和交往规则，了解目的国风俗、文化、传统与法律法规等。三是可行性角度，主要是指要引导学生深度解读国际局势，研判未来国际趋势，顺应国际大势，理性选择出国留学。近年，随着中国的崛起，西方排华、反华情绪抬头，中国留学生受到更多不公平不公正的待遇，人身及财产安全亦受到不同程度威胁。例如，仅 2021 年 1 月，澳洲就发生三起无端针对中国留学生的严重人身伤害事件。同样是 2021 年 1 月，美国芝加哥发生严重枪击事件，一名三十岁的中国博士留学生遇袭身亡，令人痛心。因此，当教育部、外交部对某些国家和地区发出留学预警时，大学生需要审慎考虑是否前往该国或地区留学。还有一些突发事件，会对大学生出国留学可行性造成一定影响。如，2020 年新冠肺炎疫情全球蔓延以来，不少原本做好留学规划的大学生陷入两难境地，横亘在学生和家长面前的不仅有拿到学校的录取通知但不知能否顺利抵达留学目的国的不确定性因素，还有他们对留学目的国疫情发展及自身健康与安全的担忧。新冠肺炎疫情对世界经济造成的影响，势必引发某些留学热门国家的动荡，能否继续留学在疫情之下成为无解之谜。

三、留学规划指导是新时期培养大学生国际视野的需要

在海外学习生活的中国留学生，是中国优秀青年的代表，其整体精神风貌浓缩了当代中国的精神风貌，体现了高等教育立德树人任务的实现质量和大学生国际视野的培养质量。国际视野培养是以习近平总书记为核心的党中央深刻把握世界政治、经济发展趋势，顺应世界政治、经济发展大势的基础上，对高校师生的殷切期盼和深情嘱托。新时期，习近平总书记曾在不同场合多次强调大学生需有国际视野及全球眼光。习近平总书记在 2016 年全国高校思想政治工作会议上指出，“要教育引导学生正确认识世界和中国发展大势……正确认识中国特色和国际比较，全面客

观认识当代中国、看待外部世界”，[①]2019年，习近平总书记又嘱托思想政治理论课教师“视野要广，有知识视野、国际视野、历史视野，通过生动、深入、具体的纵横比较，把一些道理讲明白、讲清楚”。[②] 这些精辟的论述为本科学生在愈加开放的崭新时期做好留学规划提供了新的视界，也为广大教育工作者充分认识留学规划指导的重要作用，培养牢固树立远大理想，坚定共同理想，兼具爱国情怀的国际化人才指明了方向。近年来，国际视野培养已成为国内外学术界普遍关注的热点问题。闫利利、高地两位学者在《新时代社会主义建设者和接班人的国际视野培育研究》中强调，“在中国日益走向世界舞台中央的今天，国际视野的重要性愈加凸显，已经成为新时代社会主义建设者和接班人重要的核心素养。”把握留学规划过程中的大学生国际视野培养，有三重意境。第一，培养国际视野，需要把握时代发展规律。近代中国闭关锁国，西方的坚船利炮打开中华民族的大门，使古老的中国饱经战火，人民饱受疾苦。“没有任何一个国家可以在闭关锁国中取得真正的发展，也没有任何一个人能够在孤立封闭的环境中获得全面的发展。”中国共产党带领中国人民依靠勤劳智慧和平崛起，进入21世纪，这种和平崛起的外部环境正在经历重大变化，“国际经济秩序正在重塑，全球治理结构正在转型，国际话语体系正在重构”。为此，教育工作者应积极引导大学生加深理解中国与世界的关系，思索和探究中国与世界各国的良性互动，并积极参与其中；引导大学生理性看待中国的发展成就，理性看待资本主义国家数百年积累的发展成果。第二，培养国际视野，需要把握社会发展规律。近代中国历史是一部仁人志士投身救国运动的爱国史。历史证明，只有中国共产党人带领劳苦大众选择的社会主义道路，才是最适合中国的道路，中国特色社会主义是中国经过历史与实践检验的独特优势。因此，我们要始终坚持马克思主义指导地位，深入贯彻新时代中国特色社会主义思想，引导出国留学的大学生增

① 出自习近平总书记2016年12月7日在全国高校思想政治工作会议上的讲话（见《全国高校思想政治工作会议以来学校思想政治理论课建设综述》，人民网，2019年3月18日）。

② 见习近平《用新时代中国特色社会主义思想铸魂育人》（《习近平谈治国理政》第三卷，外文出版社，2020年6月版，第330页）。

强中国特色社会主义道路自信、理论自信、制度自信、文化自信，走出国门走向世界时，积极向世界传播中国理念、中国精神、中国故事和中国价值，向世界人民展示中国新形象，讲述中国新故事，不断增强各国人民对中华文化、中国道路与中国模式的理解与认同，无论身处何地，都能与祖国同呼吸共命运，自觉做到把爱国情、强国志、报国行融入实现中华民族伟大复兴的奋斗之中。

四、留学规划指导是新时期加强和改进大学生思想政治教育工作的需要

如何将思想政治教育融入大学生出国留学规划指导，激发大学生的家国情怀，引导其正确认识世界的未来在中国，鼓励青年学子学有所成后报效祖国，自觉肩负中华民族伟大复兴的历史使命，亦是题中之义。高校教育工作者将思想政治教育融入大学生出国留学规划指导，可以考虑三个维度。第一，坚守理想信念是大学生留学规划指导的立场和前提。21世纪，全球范围内的政治、经济、文化交融进一步加深，“各种社会思潮复杂多变，意识形态领域斗争形势严峻”。青年处于人生观、世界观的不成熟阶段，容易被国际上不良思潮和错误的价值观念影响。一些中国留学生盲目崇拜资本主义国家所谓民主和自由，动摇共产主义远大理想和社会主义共同理想，出现信仰偏差，背离社会主义事业建设者和接班人的基本信仰要求。教育工作者要引导学生在自觉“把握人类命运共同体的发展的普遍规律”，“关注全球进步、关心全球治理问题”的同时，更要自觉树立共产主义远大理想，毫不动摇地坚持社会主义方向，具备坚定的中国立场。第二，厚植爱国主义情怀是大学生留学规划指导的精神内核。《新时代爱国主义教育实施纲要》中强调，新时代的爱国要“坚持立足中国又面向世界”。伴随中国特色社会主义市场经济的发展，大学生的主体意识、个体意识进一步觉醒。大学生的思想观念、心理状态、价值取向等出现多元性、多样性和多变性特点。尽管大部分中国留学生深植爱国主义情怀，

但仍有少部分学生缺乏民族自尊心和自信心，受国际不良思潮和错误价值观念的影响，在大是大非面前缺乏坚定的中国立场和正确的政治态度。在国际交往交流中缺乏“只有坚持中国共产党的领导，才能为中国特色社会主义谋发展”的正确认知。教育者要通过各种方法，引导学生既要“有关怀全人类的胸怀和志向”，又要树立家国情怀，能够自觉将个人成长与国家需要、与中华民族伟大复兴的历史使命相融合。第三，培养大学生具备正确的国际比较与思辨的能力是留学规划指导的重要任务。“分析选择能力是中国学生较为缺乏的能力。”一方面，中国的传统文化强调“顺从”，中国家庭文化强调“听话”，因此，不少家长存在“一言堂”观念，孩子的愿望无法得到表达，诉求无法得到满足，“家长的主观性和认知就替代了孩子本人的思辨能力”。另一方面，中国教育环境竞争压力巨大，中国学生成长过程中，家长更希望学生心无旁骛地集中注意力学习，因此，父母对孩子管控颇多，导致学生比较依赖父母，经常由父母替自己做出选择和决定。这在一定程度上影响了学生的思辨能力，形成了一些学生“随大流”、人云亦云的个性。因此，高校工作人员要有意识地培养大学生具备纵横比较与思辨能力，引导学生“能够在中外国际比较的过程中认识到中国特色社会主义发展的历史必然性与强大优势”。

五、关于后疫情时代留学规划指导的两点思考

《教育部等八部门关于加快和扩大新时代教育对外开放的意见》重申“将继续通过出国留学渠道培养我国现代化建设需要的各类人才，积极开拓优质教育资源合作渠道，拓展出国留学空间”，并“下大力气完善‘平安留学’机制，将应对疫情过程中摸索出的行之有效的做法进一步制度化、常态化，为广大学子实现留学梦保驾护航”。此外，一些学生和家长认为，后疫情时代出国留学“机遇与挑战并存”，比如，受新冠肺炎疫情和经济下行等因素影响，欧美国家近年的硕士申请人数可能下降，名校申请难度和竞争压力会有所降低。在这样的背景和环境下，将思想政治教育工作融

入留学规划指导可以从以下几个方面着手。

第一，充分发挥思想政治教育课的教育引导作用。思想政治教育是我们党的制胜法宝，也是高校各项工作的“生命线”。思想政治理论课是高校加强和改进大学生思想政治教育的重要抓手。习近平总书记强调，“办好思想政治理论课，最根本的是要全面贯彻党的教育方针，解决好培养什么人、怎样培养人、为谁培养人这个根本问题。我们党立志于中华民族千秋伟业，必须培养一代又一代拥护中国共产党领导和我国社会主义制度、立志为中国特色社会主义事业奋斗终身的有用人才。在这个根本问题上，必须旗帜鲜明、毫不含糊。”[①]因此，高校教育工作者在大学生留学规划指导过程中，必须立足“这个根本问题”，服务于“这个根本问题”。具体而言，一是通过四史教育帮助学生树立共产主义远大理想，坚定社会主义共同理想；坚决维护中国共产党在社会主义建设事业和中华民族伟大复兴历史重任中的领导地位；坚定维护中国立场和正确的政治方向；引领学生自觉弘扬和践行社会主义核心价值体系。二是将国际化元素纳入课程教学内容。要想培养适应全球化发展的社会主义建设者和接班人，就要将国际化元素纳入思想政治理论课的教学内容，包括国际化意识、国际安全意识、国际政治意识、人类命运共同体意识等。引导学生建立开放包容的学习态度，自觉将中国发展与世界发展紧密联系，“站在世界高度，用世界眼光看待问题，主动积极地与世界人民一道共同实现美好生活向往”。三是要培养学生对国际问题的辨别能力，提高学生对不良思潮的抵御能力，自觉抵御西方“普世价值”和“政治正确”的诱惑，使学生能够理性分析国际焦点问题，正确看待国际热点问题。

第二，充分发挥就业指导课程的能力提升作用。留学是一项系统工程，从确立出国深造目标，准备语言成绩、提升科研背景实力，到文书撰写、学校与专业申请、最终成行，大学生在留学规划过程中会遇到诸多困难，心理状态会随之起伏不定。在国外求学过程中，学生会面临全新的学

---

① 见习近平《用新时代中国特色社会主义思想铸魂育人》(《习近平谈治国理政》第三卷，外文出版社，2020 年 6 月版，第 330 页)。

习生活环境，除需要适应全新的语言环境、紧张的课业学业外，学生还需要自己处理诸如租房、办理水电网、购买保险、签证、实习等生活事项，离开熟悉的环境和父母师长的帮助，需要很强的适应能力及自我管理能力。高校可开设留学规划指导相关课程，通过课程设置，提升学生跨文化交际知识及能力储备，“让学生更好地认识世界、了解国情民情，掌握事物发展规律，通晓天下道理，学会理性思考；更好地掌握专业知识，面向实际、深入实践，以知促行、以行求知，脚踏实地、苦干实干”。

自卑心理引发的高校毕业生消极求职个案分析与干预

一、案例简介

学生小A，男，985高校本科学生，专业为电子科学与信息技术。初入大学，小A对一切充满了好奇与希望，他认真学习，同时，较为积极地参加各类校园文化活动。大一学年，小A学习成绩中等偏上，GPA排名在185位同学中位列90位左右。随着参加的活动越来越丰富，接触的同学越来越多，小A的视野越来越广阔，小A发现周围的同学不仅家境优越，而且成绩优秀、能力出色、多才多艺。舍友讨论的出国深造、暑研游学等话题，他似乎永远插不上话儿。自卑情绪逐渐笼罩小A的内心，一种不如人的感觉如影随形。小A一直将这种自卑深藏心底，三年级下学期末，他开始变得焦虑，对于未来的工作感觉很迷茫，对于即将走向社会，面对崭新的生活，感觉无所适从，不知道自己内向的性格能从事什么工作，不清楚自己能否找到既稳定收入又不错的工作。小A开始逃课，作息时间也开始日夜颠倒——每天玩电脑游戏直至深夜，白天在宿舍睡觉，将学习和求职完全抛于脑后，这不仅严重影响了其正常的学习和生活，也影响到了周围同学的学习和作息，小A和舍友的人际关系一度紧张。到了大四，绝大部分求职的同学都已经在找工作的黄金时期——秋季招聘中找到了理想的工作，签约了心仪的单位，可小A仍沉迷游戏，前途渺茫，甚至连求职简历都没有制作。父母知悉情况，对小A极度失望，严厉责备。

二、案例分析

本案例反映的是贫困大学生小A由于家庭经济困难、性格内向、自卑而产生焦虑情绪，未及时做好充分的职业生涯规划，缺乏基本求职技能，进而逃避现实，沉迷网络，消极求职，并引发人际关系失衡等一系列问题。这其中既有诸如性格内向、自卑、焦虑等内在原因，也有朋辈压力、家庭环境等外部因素。

（一）家庭困难，产生自卑心理

小A出生于江苏苏北地区一个贫困的农村家庭，父母均无固定工作及收入，全家生活依靠父母务农及打零工维系。除了小A，家中还有小学在读的年幼妹妹需要抚养，有年迈丧失劳动能力的祖父母及外祖父母需要赡养。小A因家庭经济困难，大一入学即被认定为特困生，享受国家助学金资助。作为一名家庭经济困难学生，小A身上有很多优秀的品质，比如生活简朴、勤俭节约等。但是，长期的家庭经济压力，使小A心理上比较压抑失落，性格上比较敏感自卑，对未来比较迷茫恐惧。小A

周围的同学，家庭条件绝大部分优于小 A，平时的学习和交往中，小 A 的自卑心理愈发突出，性格也愈发脆弱。他既担心自己生活上的窘迫会让同学嘲笑，也不希望辅导员过度关注自己，以保持自尊，更不希望给父母和家庭带去额外的负担。久而久之，他的认知和行为发生了偏差。

（二）缺乏理想信念，缺乏专业兴趣及生涯规划

没有信念的奋斗犹如在大海上没有方向任意航行的船只。小 A 从小只知闷头学习，缺乏远大理想的树立，经辅导员谈心谈话了解到，他不曾思考“为谁读书”“为何读书”“怎样读书”，对人生目标、未来发展方向缺乏清晰的认识和规划，认为“成为合格的社会主义接班人”是距离自己遥远且不实际的空话。很明显，这是社会主义核心价值观教育缺失的体现，与大学生应该具备坚定的理想信念相违背。小 A 的大学所学专业是高中老师指点填报，并非本人爱好。电子类专业既需要物理、数学等理论基础，又有实验、实践等动手环节，是一门理论与实际联系紧密的学科。《通信原理》《模拟电路》《大学物理》《数学物理方法》等理论课程深奥、抽象、枯燥，而动手能力则需要长期的科研训练，这二者，都令小 A 感觉自己的专业枯燥无味，缺乏兴趣。此外，小 A 本人对职业生涯缺乏清晰的规划，求职目标非常模糊。心理上封闭自我的做法，让他没有动力去了解我国人工智能、5G、芯片产业、通信技术、新型传感材料等行业正处在蓬勃发展的大好时期；性格上的自卑敏感，让他没有意识到只要志存高远，矢志奋斗，青年一代不仅可以通过自我价值的实现，来阻断贫困的代际传播，回报家庭，感恩父母，还可以在新工科的各行各业大有作为，回报国家和学校的培养，成为新时代优秀的社会主义事业建设者；对未来的迷茫和恐惧，让他没有脚踏实地拿出实际行动积极参与到企业实习、科研实训等提升个人综合能力的实践活动中。在以上因素综合作用下，小 A 心理上越来越焦虑，成绩越来越差，人际关系也逐渐疏远，综合技能也相对欠缺。

（三）逃避现实，选择沉迷网络

小 A 成长在农村家庭，是家族中唯一的男孩，重男轻女的祖父母、父母从其幼年时便对聪明好学的小 A 寄予厚望，从小到大，小 A 除了好好

学习，基本没有接触过社会活动。长大后，对于社交等活动，有一点恐惧，不知该如何同他人交往，这种性格特点，使得小A害怕走向社会，同时也对如何应对求职中的面试环节缺乏信心，因此，小A选择逃避到网络世界。在现实生活中处处感觉不如同学的小A，在游戏中找到了“存在感”。小A在游戏中的定位是领袖角色，每一次通关之后，他都非常有成就感，队友的夸赞，网友的吹捧，令小A十分享受，深陷其中，不能自拔。正如小A所言，游戏让他“获得了独立的人格，获得了尊重，获得了满足感和成就感，找到了快乐”，他认为自己通过这种方式“成功地”逃避了现实世界的挫败感和负面的自我评价，释放了苦闷，缓解了压力。正是这种片面的认知，令小A并未意识到自己正在迷失自我，危及前途，如果不迷途知返，后果不堪设想。

（四）家庭教育中缺乏积极有效的沟通和正确的关爱

小A的父母受文化程度和认知水平限制，很难给予小A学业上的指导和帮助。此外，父母二人对小A的评价及关心仅源于成绩，成绩考得好，父母给予少量的表扬和肯定，成绩稍微差一点，则给予严厉的批评，甚至呵斥。家庭教育的氛围，养成了小A从小依靠自己，极少与父母沟通的个性。中学时期，父母和孩子之间的沟通仅局限于“最近成绩如何”“你一定要考上好的大学”等话题。大学阶段，小A很少主动和父母联系，父母和孩子的沟通多集中于“你要好好学习，找到挣钱的工作”“妹妹上大学还需要你的帮助”等。作为一个连自己都需要助学金资助才能完成学业的贫困大学生，小A时常感到未来压力巨大，身心俱疲。因此，小A遇到困境伊始，并未向父母寻求沟通和帮助，也没有选择找辅导员谈心，亦没有向同学朋友倾诉，而是选择一个人将问题闷在心里，默默承受，导致情况越来越严重。当父母得知实情后，第一反应不是给予孩子充分的关心和爱，没有去反思问题的根源，而是无情的责备和不理解，认为“父母辛苦打工供你上学，供你吃饭，有什么脸不好好读书呢?”

（五）未正确认识朋辈关心和支持

小A因沉迷网络，荒废学业，作息黑白颠倒，舍友多次劝导，均无效果。无奈之下，舍友向年级长汇报小A的真实情况，工作负责的年级长及时将情况反映给辅导员，希望老师能帮助小A重回正轨，重树信心，戒除网络游戏，认真求职，早日找到心仪的工作。接到同学的情况反映后，辅导员第一时间找小A谈心谈话了解情况，小A不能理解同学之间的互相帮助和良苦用心，单纯以为这是同学在向老师打小报告“害得自己被老师找”，内心对同学的这种做法十分反感和排斥，言语和行为上处处和同学针锋相对，一度引发人际关系失衡，造成宿舍关系紧张。

三、解决方案

（一）主动约谈，建立信任关系

发现小A的情况后，辅导员第一时间主动电话询问关心其情况并约谈。在与小A的谈心谈话过程中，以倾听为主，引导小A描述自己沉迷网络的原因、职业的期待等。其间通过点头示意、微笑等肢体语言和动作，向小A做出及时的正向反馈。通过谈个人求职经历、个人求职体悟等方式传递辅导员对他求职需求的理解和尊重，并表示出老师对他找工作进展的关心和重视。同时，尽力缓解小A因沉迷网络游戏，无心求职，而担心被责骂的恐惧心理，让小A感觉到老师的诚心和对自己前途的关心，确立基本的信任关系，引导小A树立正确的求职态度。

（二）采取措施，帮助走出低谷，顺利实现就业

1. 引导小A充分利用网络资源，学习简历制作，并要求其在规定时间内完成求职简历制作，交给辅导员修改。小A在约定的时间内，制作出个人的第一份求职简历。针对小A简历中出现的问题，辅导员给予详细的指导，给出修改建议，制定修改方案。对于小A快速掌握简历制作技能，按时制作出符合求职要求的简历，辅导员给予肯定和表扬。小A受到鼓励，为自己的进步感到开心，初步建立求职信心。

2. 通过反复沟通和量表测试，帮助小A分析适合他的行业领域和岗位并培训求职信息检索能力。此外，根据小A的目标行业、目标岗位、目

标工作地点，有针对性地推送就业信息，以防其错过就业机会。鼓励小A多投简历，增加面试机会。对小A的求职进度，采取一周一跟进，一周一总结的做法，横向纵向综合对比其进步和不足，给予肯定、传递正向能量的同时，让小A有充分的思想准备，清晰认识错过黄金求职季之后的就业形势和就业大环境，做好打艰苦之仗的准备。与此同时，用已毕业的优秀学长学姐，尤其是家庭困难的学长学姐的成功求职经历鼓励小A。例如，2008级某学长，家庭经济十分困难，性格较为内向，通过自己的努力，成功被华为技术有限公司录取，目前，在部门承担重要研发任务；2012级某学姐，同样是贫困生，目前就职普联技术有限公司，因业务能力突出，受到公司好评。通过这些真实的案例，小A真切地感受到只要自己好好努力，定会找到理想的工作，求职信心进一步增强。

3. 加强感恩教育，向小A宣传国家对贫困生的政策倾斜，学校对大学生就业工作的重视，让小A深切感受到国家和学校的温暖，感受到求职路上并不孤单。通过帮助小A向相关部门申请求职津贴、协助申请勤工助学岗位等，一定程度上缓解小A的经济压力，暂时解决小A求职过程中遇到的经济困难，使其有充分的资金采购面试服装，解决面试路费等实际问题。

4. 成立互助小组，通过朋辈力量给予小A坚定的支持和帮助。一方面，请找到工作的学生干部向小A介绍如何有效利用各招聘平台搜索和收集就业信息，如何准备笔试，如何应对面试，包括应对单独面试、小组面试、群面等。这些同学真诚、热情、毫无保留地将自己求职过程中的笔试经验、面试技巧分享给小A，令小A十分感动。另一方面，辅导员邀请工作能力强、表达能力强、性格平易近人、愿意帮助同学的学生和小A一对一结成互助对子，给予他一定的指导，利用朋辈影响，帮助小A充分挖掘自身的优点和克服困难的潜力。在小A接到不同单位面试通知后，互助小组组成临时面试小组，根据各单位的不同特点和要求，有针对性地对小A反复进行模拟面试，帮助其找出面试中的薄弱环节，及时发现问题，克服紧张情绪。同学们有针对性地提出各种问题，一开始，小A并不能自如应对，频繁出错，十分沮丧和紧张。经过同学们的反复模拟训练，小A

逐渐能够做到态度从容，对答如流，帮扶效果十分明显。

5. 通过丰富业余生活，逐步帮助小 A 戒除网瘾。辅导员和同学鼓励小 A 将注意力转移到勤工助学、面试求职、班级事务、校园活动、体育锻炼等方面，建议他尽量在实验室、图书馆、大学生活动中心等场所参与有意义的活动，不要只身待在宿舍或校外网吧。通过老师的耐心工作，同学的热心帮助，小 A 的人际关系得到改善，生活变得充实，求职也逐渐有了眉目，小 A 变得开朗了许多，也不再像以往一样觉得无事可做，而是每天都需要挤出时间参加有意义的活动。小 A 的注意力完全从网络游戏中转移开来，成功地戒除了网瘾。

四、工作成效

在整个被帮助的过程中，小 A 感受到老师和同学的关心，逐步放下戒备心理，并意识到自己不顾前途沉迷网络对于改善家境和自己的生活并无任何帮助，只有振奋精神，充分利用政府和学校提供的有利平台，充分利用好自己应届本科毕业生的有利身份，奋发图强，抓住机会展示自己，才能顺利实现就业，才能改善家庭经济状况，才能实现自己的个人价值，才能实现当代大学生的社会责任，遂重新规划未来，树立目标，建立自信，逐步远离网络游戏。最终，小 A 在老师和同学的帮助下，依靠自己的积极努力，成功签约某国有银行江苏省分行技术岗位，并在岗位实习期间，表现突出，实现提前转正及工作调动。

五、经验启示与工作建议

（一）对于因自卑和迷茫而产生焦虑情绪，迷恋网络游戏、无心求职的同学，尤其是敏感、内向的贫困生同学，不能一味采取说教的方式去封堵。对于像小 A 一样的同学，如果一开始不充分了解事件成因，仅凭表面现象就给予简单粗暴的批评或惩罚，而不是通过春风化雨、润物无声的细致引导，不仅不能使其脱离网络游戏，重回求职道路，找到心仪的工作，反而会引发该生思想上的抵触、心理上的反感和行动上的对抗，或将事态引向消极被动的方向，从而引发更加严重的危机事件。由此可见，学生工作应以生为本，换位思考，尊重学生，从根本上解决问题，扭转局面。

（二）学工一线工作者应注意，每一起案例产生的背后，都有其具体而又特殊的原因。该原因是能否顺利解决案例的关键因素，亦是制定解决方案的切入点。辅导员在日常工作中应以高度的工作责任心，细致观察每一位学生的细微变化，及时发现"问题学生"以及学生所面临的问题，发现事件形成的根本原因，针对这个根本原因，有的放矢，有针对性地开展工作，并积极利用有效资源，协同各方，切实帮助学生及时解决问题。

（三）此外，广大学工干部应该充分意识到，一个学生出现的问题，绝大部分情况下，不是做一次工作、谈一次话就能解决的。大多数情况下，需要有铁杵磨针的恒心和毅力，有春风化雨的爱心和耐心。这就需要广大辅导员能够切实将解决学生的需要，将帮助每一个学生成长成才视为自己工作的出发点。如果学生工作者凡事能从立德树人出发，从责任二字出发，从细致耐心出发，从坚定不移出发，再棘手的难题也能迎刃而解，从而真正做到为党育人，为国育才。

大学生"二次元"文化消费行为透析与引导策略
——基于江苏五高校的实证调查分析

一、引言

"二次元"文化是以动漫（Animation and Comics）、游戏（Game）和轻小说（Light Novel）为主要载体的平面化和影像化兼具的二维图像世界，是青年群体基于共同的兴趣爱好和相似的审美倾向，将现实世界虚拟化，进而形成的一种文化价值体系，在大学生网络文化消费中占据相当比重。对大学生而言，"二次元"文化既是虚拟文化认同符号，又是感性化流行话语概念，其特点主要有三。一是内容包罗万象，不仅涵盖 ACGN，还包括其衍生出来的一系列文化形态，如虚拟偶像、COSPLAY、歌姬、声优、手伴等，以及由此派生出来的周边产品、同人志、社群、活动等，其中不乏突破“次元壁”来到三维世界的泛娱乐形式产品。二是审美体系多种多样，每种审美体系代表不同风格特征，如“萌”多代表可爱，“燃”通常是指激情热血。三是话语风格形形色色，如“腹黑”“搞笑”“戏谑”“恶搞”等，不同风格的话语体系，既能给人不同感官享受，又能反映爱好者心理指向。在我国，“二次元”的发展大致经历了三个阶段。一是 20 世纪 80 年代的官媒引进阶段，最有代表性的是 1980 年起在中央电视台播出的经典动画《铁臂阿童木》。此后，《圣斗士星矢》《美少女战士》《龙珠》等陆续登陆中国大众荧屏。其中，最能打开“80 后”回忆之闸的，非《灌篮高手》莫属，许多“80 后”表示，《灌篮高手》陪伴自己的青春，给了自己激励、温情、治愈等正能量。二是 20 世纪末的非官方传播阶段。2000 年，“为加强境外动画片引进和播放管理，保护少年儿童的身心健康，促进社会主义精神文明建设”，国家广播电视总局出台《关于加强动画片引进和播放管理的通知》，规定各电视台引进境外动画片，需要通过严格审批，动画片播出时长也受到限制。因此，许多日本动画受到主客观条件影响，开始转战 90 年代末兴起的互联网传播。三是自主传播阶段，AcFun（以下简称 A 站）和 bilibili（以下简称 B 站）的爆火即是标志。A 站和 B 站的“阿婆主”（upers，即视频上传者）上架大量国外流行作品，尽管有版权纷争，其中大量原创或改编影片仍广为流行，成为热爱网络文化与动漫作品的青少年的文化盛宴。对大学生而言，“二次元”自带娱乐属性，“既充满着天马行空式的不羁想象，又承载着简单朴素的美好愿望”，因而备受其喜爱和追捧。作为网络文化消费新业态，“二次元”文化在实现资源共享、加速信息传播、减轻大学生心理压力的同时，也在改变、重塑大学生的精神世界和价值观念。“青年是祖国的未来，民族的希望，也是我们党的未来和希望。”[①]大学生肩负建设中国特色社会主义现代化强国的时代责任和推进中华民族伟大复兴的历史使命。“网络文化消费作为大学生文化消费的主要方式，是大学生文化营养的主要来源之一”，研究大学生“二次

① 出自习近平总书记在庆祝中国共产党成立 95 周年大会上的讲话（见《庆祝中国共产党成立 95 周年大会在京隆重举行 习近平发表重要讲话》，中国共产党新闻网，2016 年 7 月 2 日）。

元"文化相关问题，将传统的思想政治教育阵地在网络空间进一步拓展，是建设中国特色社会主义文化与实现高校立德树人根本任务的现实需要。

二、调查分析：从"二次元"文化消费行为透析到特点解构

为配合本研究写作，笔者于2020年11月以"二次元"文化在大学生群体中的认知度、消费动机、消费方式、消费心理、积极意义、存在隐忧等为主要内容，选取江苏地区五所综合性大学进行在线问卷调查，其中，南京地区高校两所，苏南、苏北、苏中地区高校各一所。考虑到学生分布情况及调查的实际条件，笔者采取随机抽样的方法获取样本。调查在2020年12月初完成，共抽取12个班级为样本，其中文、理、工科班级各4个，一至四年级班级各3个。本次调查实际发放问卷480份，回收有效问卷457份，有效回收率95.2%。为更加准确掌握大学生"二次元"文化消费行为现状，把握现阶段大学生"二次元"文化中存在的问题，更好提出引导策略，笔者在所在单位抽取部分学院，对分管学生工作的老师及部分大学生进行一对一访谈或小规模座谈，期待对在线采集的数据加以验证和补充。通过调查，笔者发现大学生"二次元"文化消费行为呈以下特征。

（一）"二次元"文化消费在大学生群体中具有普遍根基。调查统计显示，在接受调查的大学生中，从男女生比例来看，男生251人，占样本总量的54.92%，女生206人，占样本总量的45.08%；从专业分布来看，文科学生176人，占38.51%，理工科学生281人，占61.49%。从年级分布来看，大一新生145人，占31.73%，二、三年级学生219人，占47.92%，毕业班学生93人，占20.35%。超过95%的学生表示自己曾接触"二次元"文化，其中，最普遍的形式是动画和游戏，分别占95.19%和86.65%。超9成受访者表示手机是其接触"二次元"文化的最主要载体，其次是笔记本电脑和平板电脑，分别占77.02%和33.7%。

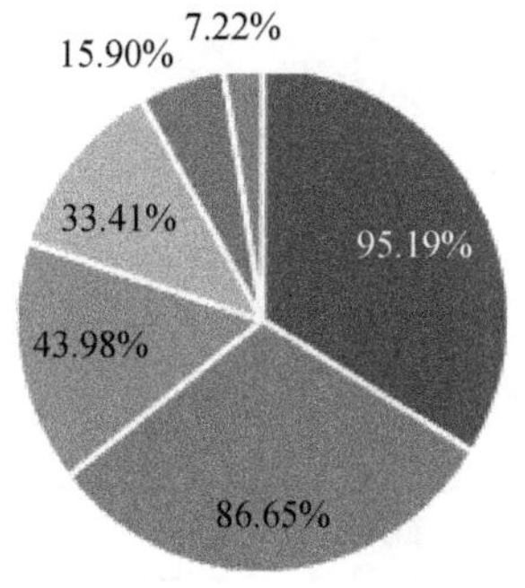

（二）“二次元”文化消费在大学生消费结构中占据一定分量。参与本次调查的457位学生，有288人每月消费总额在1 000～1 500元，占63.02%；有42位学生月均消费总额1 500～2 000元，占9.19%；另有14.88%学生总额低于1 000元，12.91%学生总额高于2 000元。其中，80.31%的大学生月均“二次元”消费300元以下，12.91%的大学生月均“二次元”消费300～600元，1.75%的大学生月均“二次元”消费600～900元，2.84%的大学生月均“二次元”消费900～1 200元，2.41%的大学生月均“二次元”消费高于1 200元，其中最为夸张的是一位延长学年学生，大学前四年累计在网络游戏支出8万余元。58.42%的大学生“二次元”消费主要来源为父母提供的生活费用，另有34.79%的大学生表示通过兼职补贴“二次元”消费。根据调查，占据大学生“二次元”消费前三位的分别为游戏充值、投币和购买周边产品，超过半数同学表示“二次元”消费会“影响生活开支”，应“合理分配花费”。由以上分析可见，大学生“二次元”文化消费总体较为理性。

（三）大学生“二次元”文化消费动机多元。被调查者中，有415人表示消费“二次元”文化是为了消遣时光，占90.81%；有74.18%的大学生表示需要缓解现实压力，共339人；63.33%是渴望获取成就感，58.9%为了体验视觉美学，有48.36%的大学生表示接触“二次元”是出于社交需求。由以上数据可见，大学生“二次元”文化消费更多的是“想象性地

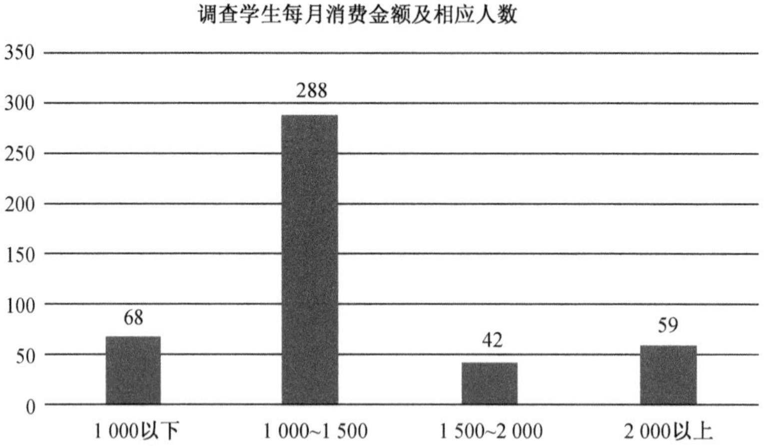

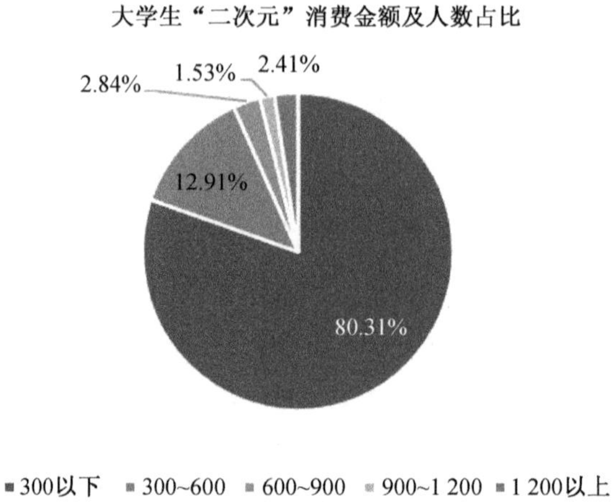

解决现实困境和释放心理压力”。根据调查,“二次元”文化近年来在大学生中盛行,主要原因有以下两点。一是从客观物质条件来讲。移动互联技术高速发展为传播“二次元”文化创造了条件。大学生只需少量碎片时间和一部可以接通互联网的手机,即可不受时空和地域限制,接受无门槛的“白嫖”式参与,这一点,无论是在专注弹幕文化的A站(AcFun),抑或是在以“二次元”起家的B站(bilibili)都可得到印证。二是从主观条件而言。当现实世界无法满足主观愿望时,面对各种困惑感、挫败感,私密的虚拟空间成为大学生消解负面情绪的精神家园。在虚拟世界中,“现实世界的运行逻辑失效了,历史维度消解了,时空撕裂了,不同性质的空间可以交叉重叠，可以相互沟通，各类角色具有超能力”，这在极大程度上缓解了大学生日常学习生活中的压抑，满足了大学生多元多样的价值追求。

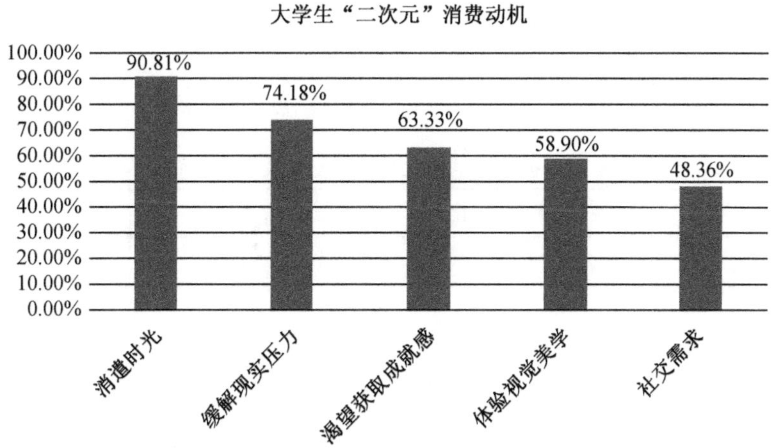

（四）大学生“二次元”文化消费彰显主体性和矛盾性。随着网络文化逐步进入视听化、智能化传播时代，大学生在纷繁复杂的网络文化产品消费选择上表现出明确的目的性，并直接彰显大学生网络文化消费过程中的主体性表达，如，有些学生选择成为游戏玩家，化身虚拟世界盖世英雄；有些学生选择成为 COSPLAY 玩家，对虚拟人物极尽喜爱与模仿；有些则沉浸于“鬼畜世界”，在弹幕刷屏中“狂欢”。42.89%的被调查者认为，自己每天接触“二次元”的时长超过自己理应承受的范围，另有 28 位受访者表示，每天接触“二次元”的时长超过 12 小时以上，占比 6.13%。在这些每日接触“二次元”较长的学生中，超 8 成同学选择“牺牲学习时间”或“牺牲睡眠时间”来弥补。关于“‘二次元’是否影响学业”一问，有 79.21%的同学认为，“二次元”会消费其一定比例学习时间，对学习产生一定影响。更有 55 位同学认为，“二次元”占用其大量时间，得不偿失。而对于“是否愿意继续‘二次元’文化消费”一问，95.62%的同学表示非常愿意或愿意继续“二次元”文化消费，彰显大学生一边确知“有毒”，一边却直呼“戒不掉”的矛盾性。

表 1:"二次元"消费与学习之间的关系(单选)

二者关系	人数	所占比例
二者之间没有任何影响	40	8.75%
占用一定比例学习时间,对学习有一定影响	362	79.21%
占用大量学习时间,得不偿失	55	12.04%

表 2:是否愿意继续"二次元"文化消费(单选)

是否会继续接触"二次元"文化	人　数	所占比例
非常愿意	159	34.79%
愿意	278	60.83%
不愿意	2	0.44%
无所谓	18	3.94%

三、大学生"二次元"文化存在的隐忧

不可否认,"二次元"文化在激发大学生想象力、创造力,提高大学生审美、愉悦大学生身心等方面,确具一定积极作用。但随着移动互联技术迭代升级和传播媒介形态更新,鱼龙混杂的网络文化消费使大学生价值信仰、思维方式和文化品位发生一定的偏离,这既不利于社会主义先进文化传播,也危害和谐校园建设,对高等学校立德树人根本任务的实现,造成一定的隐忧,以"二次元"文化为例,主要问题有三。

(一)弱化主流文化权威。"二次元"文化产品爆发式生产与井喷式传播,必然导致多元文化汇聚碰撞,其中不乏非主流或反主流的思想与内容。82.71%的被访大学生认为"二次元"文化存在一定的暴力或色情元素,会对身心健康产生一定程度的不良影响。部分"二次元"文化产品,存在依靠绚丽魔幻的技术外衣包装,宣扬日式思维和西方价值观念等问题,"潜在地成为有毒有害思想观点汇聚的新阵地,潜移默化地操纵大学生的情感、立场和态度,一定程度上带来主流意识形态引导力的消解与弱化"。

大学生处在人生"拔节孕穗"关键时期,心理尚不成熟、三观尚未定型,亟待精心的呵护和健康的引导。

(二) 消泯大学生自由个性。"二次元"文化消费作为大学生网络文化消费的主要方式,是当代大学生主观世界和客观世界的互动过程,会对大学生价值观的形成产生一定的影响。换言之,"精神文化产品不仅为青年提供知识技能习得、人格塑造和个性养成的载体,而且构造出'虚拟情景',帮助青年认知'价值观'内涵,参与、体验和模拟价值观实现过程。"在市场经济语境下,包括"二次元"文化在内的网络文化产品的生产过程"不再只是简单的精神生产过程,也是市场化和商品化过程",资本加持往往导致网络文化产品恶意竞争,同质化、娱乐化泛滥,从而对大学生思想教育和价值引领工作的效果产生不利影响。部分学生被网络虚拟情境迷惑,缺乏独立思考与正确价值判断,人云亦云,导致"个体的进一步解构",最终沦为网络文化洪流中的数据化、符号化个体,缺乏个人色彩与个性特征。

(三) 折射大学生学业、心理与消费观等问题。一是影响学业。一方面,部分大学生过度关注"二次元"文化碎片信息,将相当部分精力投入虚拟社交、网络轻小说等,深陷其中,不能自拔,从而学习精力不足,对学业产生一定程度负面影响,共有 417 位大学生认同这一观点,占比 91.25%。在被调查者中,有 11 位同学表示自己沉迷网游,正面对"学业荒废,濒临退学"的危险局面。另一方面,为弥补"二次元"文化消费支出不足,部分学生会选择将原本用于课业学习的时间用于课外兼职。此外,还有部分痴迷"二次元"文化的大学生,会花费大量时间用于创作、参加动漫展等。这些时间消费,势必影响学业。二是带来一定心理隐患。"二次元"文化的泛娱乐化倾向会导致大学生缺乏价值意义思考,潜移默化地弱化大学生理性思维和判断能力,继而弱化大学生抗压与抗挫能力。与此同时,少数大学生由于长期深度迷恋虚幻的"二次元"世界,无法突破"次元壁"与现实世界进行沟通与交流,出现性格孤僻、人际交往障碍等心理问题,进而导致校园不稳定风险增加。更为严重的是,网络空间的隐匿性与虚拟性,导致大学生忽视道德与责任,极少数对现实不满的学生通过

“二次元”空间找到共鸣者，集体抒发不满情绪，在大学校园形成从众心理，引发思想偏差，影响网络良性生态。三是影响大学生树立正确的消费观。“00后”大学生成长环境相对优渥，主体意识较强，主动消费意识较为突出，小部分学生对勤俭节约的传统消费观念认同度较低。36.98%的学生表示曾使用“花呗”等信用平台支付“二次元”文化消费，还有0.66%的学生表示自己有朋友或同学正通过“校园贷”等非法途径，满足“二次元”文化消费。

四、大学生“二次元”文化消费引导策略

面对“网生一代”的境遇和困惑，可从社会、高校、学生本人三个层面采取有效措施和积极手段，及时纠偏，推动网络文化消费可持续发展。

一是国家层面，需进一步倡导社会主义先进文化，净化网络生态，弘扬网络文明。“文化是一个国家、一个民族的灵魂。”①党的十八大以来，以习近平同志为核心的党中央高度重视文化自信和中国特色社会主义文化建设。国家职能部门，应加强监督与管理，在全社会积极传播中华民族几千年积淀的优秀传统文化，倡导社会主义先进文化，打造积极的网络文化生态文明，引导“二次元”文化在大学生中朝积极、健康、文明的方向发展。坚决防止曲解、亵渎、背离社会主义健康文化的低俗、恶俗行为借“文化”之名横行网络，使大学生受到蛊惑和诱导，对高等学校铸魂育人造成危机与隐忧。

二是学校层面，需坚持立德树人根本任务，进一步构建和谐校园文化。高校各部门和全体教师，需打破工作界限与壁垒，齐抓共管，尤其是学生工作职能部门和学工干部，要时刻胸怀“培养什么人”“怎样培养人”“为谁培养人”这一根本问题，主动占据思想政治教育网络阵地，用新时代中国特色社会主义思想武装青年学生头脑，加大社会主义核心价值体系

---

① 出自习近平总书记2016年11月30日在中国文联十大、中国作协九大开幕式上的讲话(见《习近平：文化是一个国家、一个民族的灵魂》，中广艺术网，2016年11月30日)。

传播力量和速度，引导学生树立正确的人生观、世界观、价值观以及理性的消费观。通过丰富多彩、形式多样的校园文化实践，吸引学生从“二次元”虚拟空间转向现实世界，在和谐校园建设中，引导学生乐于善于思考真善美，自愿自觉摒弃假恶丑。

三是学生层面，需“志存高远，脚踏实地”，大学生应通过读书与实践，自觉坚定理想信念，锻造高尚品格，磨炼意志品质。阅读书籍是人类获取精神能量的重要途径。习近平总书记曾说：“我爱好挺多，最大的爱好是读书，读书已成为我的一种生活方式。”①青年作为社会主义事业的建设者和接班人，不妨以古老又传统的方式汲取精神食粮，通过阅读马克思主义经典著作，坚实理论基础，提升理论修养，坚定理想信念；通过四史学习，感受革命精神，体验家国情怀，坚定道路自信；通过诵读传统文化经典，提升气质修养，感受中华文化的精粹；通过学习专业财务知识，理性消费，勤俭节约。总之，青年需自觉用一切社会主义先进文化丰富精神世界，自觉摒弃不良文化和腐朽思潮的侵袭，自觉承担起时代责任和历史使命。

五、结语

“青年是祖国的未来，民族的希望，也是我们党的未来和希望。”②历史的经验启示我们，任何环境任何情况下，都必须高度重视大学生思想工作和价值引领，尤其是在“百年未有之大变局”的历史转折中。否则，我们的伟大事业、伟大梦想和伟大工程就可能遭遇困难。为此，各方必须采取有效措施，加强对大学生“二次元”文化消费朝积极、健康、和谐、文明的方向引导。

---

① 这是习近平总书记2013年3月20日接受金砖国家媒体联合采访时的回答(见《读书已成为我的一种生活方式》，搜狐网，2021年4月24日)。

② 出自习近平总书记在庆祝中国共产党成立95周年大会上的讲话(见《庆祝中国共产党成立95周年大会在京隆重举行 习近平发表重要讲话》，中国共产党新闻网，2016年7月2日)。

新工科建设背景下实践育人平台建设的探索与实践
——以南京大学电子科学与工程学院为例

所谓新工科建设，是为应对新经济的挑战，从服务国家战略、满足产业需求和面向未来发展的高度，在'卓越工程师教育培养计划'的基础上，提出的一项持续深化工程教育改革的重大行动计划"。新工科所涉及专业，主要针对新兴产业，以工业智能和互联网技术为核心，是对传统意义上工程专业的一次升级改造，包括：光电信息与工程、新能源科学与工程、物联网工程等。较之传统培养模式下的工科人才，新工科建设强调的是培养新兴产业和新经济所需要的实践能力强、创新能力强、具备国际视野和国际竞争力的高素质复合型领军人才。

南京大学电子科学与工程学院（以下简称南京大学电子学院或学院）

深入贯彻习近平总书记全国教育大会讲话精神，把立德树人作为全院工作的根本要求，把新工科人才培养作为全院工作中心环节，坚持问题导向原则，立足现阶段工程教育实践教学改革的现状，致力解决实践教学改革中普遍性的热点问题，力求搭建符合社会经济和行业发展新要求和新趋势的，立足于南京大学电子学院现阶段学科、专业发展现状的，体现实践教学改革理念和人才培养特色的实践育人大平台。

一、实践育人平台建设概况

南京大学电子学院共有本科生、研究生 1 500 余人，在职教职工 200 余名（截至 2019 年 9 月）。为进一步贯彻、落实习近平总书记全国教育大会讲话精神，服务国家创新驱动发展战略，落实高等教育立德树人根本任务，推进产学研深度融合，着力培养电子、光电等行业的未来领军人才，学院全面开展实践育人平台建设。专业教师通过开放实验室、举办讲座、开展科研实训和国际科考等形式，为全院学生提供成长成才平台；实验中心的专职科研人员，发挥自身专长和优势，推进实验室开放，指导学院广大学生开展各项实验、实习、实训活动以及学科竞赛、创新创业活动；专职思政教师通过带队指导暑期社会实践、组织学生参加学术科创第二课堂活动、搭建实习基地等措施，积极参与实践育人；高年级优秀学生通过选拔，为低年级同学开展“传帮带”朋辈教育，促进同学们之间的学习生活交流，提高学生实践能力。目前，已形成以“做实第一课堂，夯实实践基础”“做活第二课堂，提升实践能力”“做特第三课堂，强化服务应用”为特色的实践育人平台。

二、实践育人平台建设主要举措

当今世界的竞争，是科技和人才的竞争。培养高质量的新工科卓越人才，是新时代全面贯彻党的教育指导方针的具体体现，也是提升我国综合实力和国际地位，加快实现中华民族伟大复兴的关键。为此，电子学院采取了一系列具体而有成效的措施，加快推进新工科实践育人平台建设。

（一）名师参与实践育人，言传身教促进学生成长成才

通过新生导航系列活动、冷餐会、名师讲坛、走进实验室等多种形式，邀请程开甲院士、吴培亨院士、于全院士等知名科学家以及多位知名青年海归学者，走进讲堂，走近学生，参与铸魂育人工程。学者们从改革开放以来中国科技取得的世界瞩目的成就出发，从他们长期耕耘在教育教学一线，奋斗在科研攻坚、技术创新一线的经历出发，和电子学院广大青年学生一起，畅谈爱国，畅谈做人，畅谈学术，畅谈未来，解答青年学生存在的困惑和问题，向大学生们传播社会主义核心价值观，用高远的志向启迪学生的思想，用高尚的品德陶冶学生的情操，用高贵的品格温润他们的心灵，号召青年学生将“爱国情，强国志，报国行”有机结合起来，刻苦学习，奋发向上，努力成为优秀的社会主义事业建设者和接班人。学生们通过与知名学者近距离交流，感受到科学家们爱党爱国，献身人民，舍弃小我，奉献大我的人格魅力，增强了民族自信心和自豪感，更加坚定了成为学习力、创新力、思想力兼具，科研情怀与家国精神兼具，全球视野与国际竞争力兼具的新工科创新型领军人才的志向。同时，专家学者们的科研经历以及老一辈科技工作者在艰苦的环境中心无旁骛，潜心科研的可贵精神，深深鼓舞了广大青年学子坚定理想信念，树立远大目标，立志把握新一轮科技革命与产业变革这一难得的历史机遇，脚踏实地，奋发图强，服务人民，回报祖国。

（二）以学术科创为抓手，推动学科交叉融合，激发学生学习热情

南京大学电子学院依托国家级实验教学示范中心，选拔思想政治素质过硬、教学业务能力精湛、实践育人水平高超的一线教师，搭建电子信息技术创新创业教育实验教学团队，组织学生参与学科竞赛、大学生创新训练项目等活动，实现跨院系、跨学科合作，有效推动学院现有学科的深度交叉融合以及电子专业各学科与其他学科的交叉发展。在教学、实验、各类学术科创竞赛中，通过问题设计，传播主流价值观念，以启发为主，灌

输为辅，与学生展开互动，引导青年学生发现问题、思考问题、分析问题、解决问题，引导广大青年学生围绕“为谁读书”“为何读书”“如何读书”进行思考。通过以上措施，不仅培养了学生的动手能力，激发了学生的学术研究兴趣，还培养了同学们的团队合作、吃苦耐劳、刻苦钻研精神，提升了他们克服困难、应对挫折的能力。

（三）注重实践教学中的“传帮带”作用，利用朋辈力量促进学生成长

社会经济的发展需要高等学校培养理论素养和实践能力兼备的创新型人才。众所周知，实践教学与课堂教学在时间和空间上有很大的区别，通过实践可以帮助消化吸收课堂所学知识，将理论知识转换为实际应用。由于实践教学的特殊性，学生课余时间往往找不到老师指导；此外，实践学习需要大量动手操作，但教师往往无法感受学生实际遇到的困难。为此，学院通过选拔思想觉悟高、学习成绩好、动手能力强、有科创训练或学科竞赛经验的优秀高年级学生，开设学长讲堂，利用朋辈力量为低年级学生答疑解惑，传授正确的学习方法，帮助低年级同学提升实践动手能力。在此过程中，低年级同学不仅仅在学业上有所收获，也学会了互助和感恩。在接受调查的学长讲堂受益学生中，超过98%的同学表示，学长学姐无私助人的精神为自己树立了榜样，自己也愿意走进学长讲堂，担任朋辈导师，为新一届低年级同学答疑解惑。

（四）实践教育常总结，记录成长有足迹

为提高育人效果，学院高度重视收集学生心得体会和收获感悟，每次科创训练或竞赛活动都要求学生做阶段性总结，将学习过程中的所感所想，与团队成员相处的酸甜苦辣记录下来，并对个人发展做出评估和展望。通过阶段性总结，可以非常明显地看出学生的成长轨迹，可以看到学生的未来目标越来越清晰，学习态度越来越端正，学习积极性不断提高。学院定期收集上述学生成长记录材料并汇编成册，用于教学效果总结的同时，也作为学习资料留给新的学生学习。

三、实践育人平台建设载体

经过一段时间的建设与积累，南京大学电子学院已建成以下实践育人平台载体。

（一）3O 开放平台

3O 教学平台，分别是 Online Guide（线上实验指导）、Open Lab（开放实验室）、Offline Flipped Classroom（线下翻转课堂），3O 之间相互支撑，相互补充。由于历史原因，学院实验技术人员岗位编制少，工作压力大。线上实验指导的开放，为实验教学挖掘了新的形式，开辟了新的途径，提高了教师的工作效率，使教学覆盖到更多的学生。学生在实践实验活动中遇到疑问，随时可以通过网络，联系实验教师，协助交流思想、打开思路、克服困难、解决问题。学生专业实践能力的提升离不开场地、设备、师资、经费的支持，实验室开放让更多学生走出宿舍，走进实验室。线下翻转课堂则颠覆传统教学模式，将教学的主动权从教师手中转移给学生，从过去教学注重教师的教，转向如今注重学生的学，从而使学生更加主动、更加有针对性地提升自己的综合能力。2020 年上半年，新冠病毒全球肆虐，高校学生被困家中，电子学院 3O 平台的作用充分发挥。学院采购《电路分析实验》《模拟电路实验》等课程所需的电子元器件，通过快递为全国各地学生邮寄实验器材，并采取在线仿真的形式，开展实验指导，确保学生停课不停学。

（二）校企联合实验室、实践教学人才培养基地

高等学校人才的培养，应根植于生产劳动实践和社会经济发展的需要。因此，新工科的建设离不开行业内优秀企业的积极参与，新工科人才的培养离不开现代技术企业的大力支持。为发挥与行业产业紧密联系的优势，结合对接地方经济发展需要和企业技术创新要求，深化产学研融合，南京大学电子学院与 DIGILENT、TI、Xilinx 等国内外知名企业成立校企联合实验室 19 个，并与中电十四所、长电集团等科研院所、高新技术

企业联合组建实践教学人才培养基地，共享实践资源，共谋发展，形成“企业请进来，学生走出去”的校地合作、产学合作，力求做到“汇聚优质资源，培养一流人才，产出一流成果”。

（三）学长讲堂

学生实践能力提升需要大量课外时间进行基础动手能力培养，涉及内容琐碎，无法纳入课程。因此，学院开设学长讲堂，请思想觉悟高、实践能力强的高年级同学开设培训班，针对某个软件、某个开发板、某个电路专题安排5～6周的短期培训，时间一般安排在周末或其他课余时间。经过尝试，学长讲堂主讲人会将自身学习过程中遇到的问题和困难着重讲解，有效避免了教师教学与学生学习需要的脱节。实践证明，此举更受低年级学生的欢迎，教学效果更佳，达到了“通过优秀朋辈的言传身教，引领低年级同学树立正确的人生观、价值观、道德观，同时培养学生感恩的品质”的效果。

（四）电子信息创新创业系列讲座

目前，我国高等教育中课程与课程之间普遍缺少联系，校内知识与社会需求普遍存在脱节。为改变这种状况，南京大学电子学院自2017年初开设电子信息创新创业系列讲座，邀请校内外专家学者、企业高管介绍当前学术研究前沿进展和行业发展趋势，前瞻性地开阔学生视野的同时，有效提升学生对专业的敏感度。在知识传授过程中，讲座嘉宾对国家命运有诸多思考，对行业前景有诸多期待，对科研创新有诸多感悟，对技术领域人才培养有诸多建议，此项举措不仅对学生的学业生涯规划、未来职业发展具有积极的指导与引领作用，更重要的是激励了青年学生心系国家发展和行业未来，实现了知识传播与价值观教育的“同频共振”。

四、育人成果与育人实效

经过近几年的运行，南京大学电子科学与工程学院实践育人平台建设已初步形成具有专业特色的品牌项目，在社会、同行、家长和学生中产生了一定的影响，取得了令人满意的育人效果。据统计，电子学院本科学生参与课外实践覆盖率70%以上，让每一位同学找到适合自己的个性化的科创实践活动，并在实践活动中培育和践行社会主义核心价值体系，已成为学院全体教职工的共同目标。学院精心设计各类针对不同年级学生特点的科创实践活动，鼓励学生投身实践，投身科研，如：大一时期的兴趣培养类实践活动，包括各类专题兴趣培训班、冬令营、夏令营等活动；大二时期的提高专业素养类实践活动，包括电子设计竞赛、各类创新创业竞赛等；大三、大四尝试科研训练，参加大学生创新创业训练计划、导师科研项目、毕业设计等科研活动。通过实践育人平台的建设与探索，电子学院学生广泛参与实践动手能力训练，综合素质得到明显提升，毕业生质量得到对口单位的充分认可。根据南京大学就业指导中心发布的就业质量报告，电子学院毕业生就业率和就业质量连续多年位列学校前茅，三年后的人均月收入位居南京大学毕业生前列，创新能力和工作能力受到企业好评。长期录用南京大学毕业生（尤其是电子、光电等相关专业）的单位，对学院毕业生实践创新能力、动手能力、吃苦精神、团队精神、责任感和敬业精神等各方面均表示满意。以华为技术有限公司为例，在过去五年中，共录用电子学院毕业生167人，位居南京大学各专业之首。华为人力资源部门对毕业生总体十分满意，对进一步与南京大学电子学院合作持十分开放和欢迎的态度。

此外，自学院全面开展实践育人工作以来，师生均获得大量荣誉。其中，学生荣誉包括首届高校创新创业创造教育精品成果展全国一等奖、全国大学生物联网设计竞赛全国二等奖、第十五届“挑战杯”全国大学生课外学术科技作品竞赛全国一等奖、全国大学生电子设计竞赛一等奖、第八届“挑战杯”复星中国大学生创业计划竞赛金奖等；教师荣誉包括第四届中国研究生移动终端应用设计创新大赛优秀指导教师、2014—2018年江苏省高校实验室管理先进个人、2018年江苏省增强现实及虚拟现实（AR&VR）技术大赛优秀指导教师奖、南京大学暑期社会实践优秀指导教师、南京大学创新创业工作先进个人、南京大学优秀共青团工作者等。

五、实践育人平台建设与探索中存在的问题与对策

南京大学电子科学与工程学院实践育人平台虽已取得良好成效，但仍存在一定的问题。

第一，专业教师应进一步把思想政治教育工作贯穿教育教学的全过程，充分发挥实践教学思政育人功能。我国高校的传统是辅导员负责大学生思想政治教育、党团组织生活、奖贷助勤补免等日常事务性工作，专业教师专注课程教学和实践教学工作，二者工作互相独立，交叉甚少。习近平总书记曾对广大教育工作者提出殷切期望——要“坚持把立德树人作为根本任务”“坚持深化教育改革”“坚持把服务中华民族伟大复兴作为教育的重要使命”。为回答“培养什么人”“怎样培养人”“为谁培养人”这三个问题，专业教师应打破工作界限，积极响应、学习、贯彻、落实习近平总书记讲话精神，“坚持将实践育人作为立德树人的重要载体和抓手，把思想政治教育工作贯穿教育教学全过程，切实深入推进社会主义核心价值观教育，努力实现‘三全育人’”，全面提高学生综合素质，全面培养符合时代发展与产业、行业要求的工科创新人才，促进不同层次的本科学生全面发展，增强学生的创新创造能力和活力，发挥实践教学的思政育人作用，让学生通过教育教学实践潜移默化地理解“为谁读书”“为何读书”“如何读书”。

第二，专职思政教师来自不同的专业，对新工科人才培养需要掌握的专业知识结构不了解，对大学生学业生涯规划缺乏指导能力。借助新工科建设，学院可通过搭建电子信息新工科人才培养路径，建立电子信息新工科人才知识树，将电子信息专业各方向需要的知识图谱落实到每个年级需要掌握的专业能力上。勾画出电子信息新工科人才知识树后，辅导员可根据知识树引导学生找到合适方向进行实践学习，也可以和实验教学中心对接，为学生实践和创新能力提供出口和平台。只有将教育教学资源进行有效整合和充分利用，坚持学工和教学联动，坚持全员育人的原

则，才能真正响应党中央和教育部的要求，将思想政治教育工作与本科教育教学实践紧密结合，真正做到全程和全方位育人。另外，在辅导员选聘中，可根据实际情况，酌情选拔思想政治素质过硬、具有新工科专业背景的优秀后备力量。

第三，学院需要立足新工科建设，进一步拓宽国际合作与交流，培养具有国际化视野的新工科领军人才。目前，学院的国际交流与合作，主要集中于专业教师的学术合作和学术交流，学生层面的交流与合作主要为学校层面的国际交换、短期访学，还有少数学生自费参加的专门机构组织的游学团，主要形式依然是到国外大学去参加短期课程或旅行。2019年，南京大学电子学院通过申报南京大学教务处“本科生国际科考与科研训练项目”，首次开展由专业教师和思政教师联合带队的国际科考项目——南京大学美国代顿大学/福耀工业 4.0 与自动化国际科考与科研训练项目，带领南京大学电子学院、计算机科学与技术系、现代工学院、政府管理学院、商学院等六个院系，电子、计算机、光学工程、工商管理、材料等八个不同专业的同学在美国代顿大学工学院创新中心开展历时三周的“基于项目的工业自动化产品设计”创新实践。项目聘请代顿大学创新中心主任 Phillip 教授、代顿大学工学院 Mathew 教授等代顿大学知名教师，引导学生在多学科背景下，结合自身专业特点，开展跨学科研究性学习以及早期科研训练。美国高校实验室的先进设备以及强调动手能力和课堂教学成果反馈的教学理念给师生们留下了深刻的印象。同时，项目组织学生参观福耀玻璃北美分公司，深入工厂一线直观感受工业自动化 4.0 的真实面貌，与公司的中外方高管进行零距离交流，同学们纷纷感叹中国和中国企业在改革开放四十年中取得的巨大成就，同时也感叹技术革新任重道远，年轻人肩头责任重大，中华民族伟大复兴的征程需要无数有为青年为之奋斗。但是，该类形式的跨学科、跨专业国际科考项目，学院尚处在探索阶段，并未形成规模。学院还需深入调查了解学生深层次需求，借鉴发达国家工科教育经验，尤其是 MIT、帝国理工等世界一流理工类院校在创新创造能力方面培养领导型人才的教育理念和经验，积极协调、利用各方资源，开展具有一定规模和效应的、高质量的国际科考训练项目。在新冠病毒疫情防控的特殊时期，国际交流受到了严重的阻碍，对此，可开辟线上“云科考”等新的渠道，创造新的方式加强国际合作和互动。

六、结语

搭建符合新工科发展内在要求的实践育人大平台，是探索培养拔尖创新的电子信息科学与技术类新工科人才的基础性工作。完善平台建设体系，创新平台工作内容，有利于培养担当民族复兴大任的时代新人，为加快实现中华民族伟大复兴助力。

本文与南京大学电子科学与工程学院张志俭、刘斌合著

当代大学生志愿服务研究

一、研究缘起与意义

联合国前秘书长安南先生曾经说过:“志愿精神的核心,是服务和团结的理想,是共同使这个世界变得更加美好的信念。”中国的志愿服务是与我国传统美德相结合的具有中国特色的志愿服务,新中国的志愿服务起源于20世纪60年代的学雷锋活动。改革开放以来,随着经济的发展,社会的进步,志愿服务在我国得到长足发展,尤其是20世纪90年代以来志愿精神广为传播,志愿组织蓬勃发展,中国的志愿服务以全新的姿态展示在世界面前。志愿服务作为一种不计物质报酬而自愿参与社会活动，并推动人类发展、社会进步的行为，已经成为人类社会生活的重要组成部分，有着非常重要的意义。在中国，大学生志愿者作为志愿服务的重要参与主体，在志愿服务中起到了举足轻重的作用。但是，在现实生活中，大学生志愿者服务的发展参差不齐，存在诸多问题。例如，志愿服务的社会支持网络欠缺，服务对象具有局限性，参与志愿服务的激励机制不够完善，服务观念需要更新等等。因此，当前大学生志愿者服务的现状究竟如何在大学生参与志愿服务的过程中，存在哪些问题，如何行之有效地解决这些问题，是摆在我们面前的研究课题，有着现实的意义。

二、研究现状及趋势

在西方，志愿精神起源于宗教慈善观念，涵盖了“自愿”“无偿”“利他”的特征，是一种“崇高的道德理想、社会责任感、悲天悯人的情怀”，或是“一种单纯的对新的生活方式的尝试”。在我国，志愿精神可以追溯到古代的传统慈善文化，儒、墨、道、佛思想中所蕴含的仁爱、互助、奉献、慈善思想为志愿服务的发展奠定了深厚的基础。20 世纪 60 年代掀起的学习雷锋活动，是志愿服务是在我国兴起的前奏，由于历史的原因，我国规范化制度化的志愿服务起步较晚，20 世纪 80 年代后期，我国建立了正式的志愿服务机构，从此志愿服务星火燎原，迅速发展。我国各高校也积极响应共青团中央的号召，成立各种公益性质的学生社团，进行青年志愿者活动。

随着 20 世纪 90 年代改革开放的深入，随着志愿服务的蓬勃兴起，随着中外各种思想文化的互相激荡，我国志愿服务中存在的一些问题开始显现，志愿服务成为社会关注的焦点，广大学者开始对志愿服务进行研究，形成了各种观点。笔者曾于 2008 年初在南京某高校图书馆公共书目查询中以“大学生志愿者”为关键词进行精确查找，无相关文献资料；以“志愿者”为关键词进行模糊查找，共搜索到《走近志愿服务》《志愿者，你准备好了吗》《志愿组织建设与管理》三本著作；在中国期刊网，以“大学生志愿者”为关键词在哲学社科类、教育与社会科学综合领域进行精确查找，共查询到《大学生志愿者活动与高校精神文明建设》《论大学生志愿者活动的“双弱势原则”》《走进西部大学生志愿者》以及《日本大学生志愿者活动调查》4篇文章；在哲学社科类、教育与社会科学综合领域，以“志愿者”为关键词，进行模糊查找，搜索到的文章则较多。相关研究内容多涉及志愿服务的产生及作用，志愿服务中存在的问题，志愿服务发展的趋势等。

对于大学生志愿者服务的作用，周围、刘继勇在《大学生志愿者活动与高校精神文明建设》一文中认为，大学生志愿者活动是高校精神文明建设的有效载体，具有自愿性、目的性、两重性、服务性、多样性等特点。在高校精神文明建设中它具有营造良好的校园道德氛围，提高大学生思想政治素质，锻炼大学生的综合能力，促进大学生专业知识的学习与应用，促进大学生的道德完善的作用。抓好大学生志愿者活动，促进高校精神文明建设必须从提高认识、加强领导，完善制度、科学管理，创建特色活动入手。冯婕、姜继为在《论大学生志愿者活动的“双弱势原则”》一文中，强调“大学生志愿者活动具有双重功能，即促进大学生的社会化和向社会贡献人、财、物力”。而相比较大学生的社会化需要和社会对无偿贡献的需求，该活动具有双重珍贵性和双重短缺性。为了实现大学生志愿者活动的效益最大化，应该贯彻“双弱势原则”，“把弱势人群列为志愿服务的主要对象，把弱势学生当作志愿服务的主体”。而要贯彻该原则，“志愿者服务活动的组织者还要改变心态和组织方法，加强同弱势群体的联系和对弱势学生的鼓励”。

对志愿服务面临的问题，北京志愿者协会主编的《走近志愿服务》一书认为，“志愿者资源不足，结构不合理”“志愿服务的社会支持网络欠缺”“志愿服务的对象受到限制”“参与的激励机制不够健全”是我国志愿服务发展过程中面临的主要问题，并认为我国的志愿服务需要“创新”，具体而言，即：“更新服务观念”“创新服务体制”“提升志愿服务的技能”。胡兴祥、刘兴民在《关于高校青年志愿者活动的几点思考》中认为，高校青年志愿者具有不稳定性，其“积极性随入校时间的增加而锐减”，高校的志愿服务对象简单僵化，有些志愿社团“没有很好地建立自己长期服务的阵地”，志愿服务“缺乏有效的保障机制”，主要表现在“缺乏激励机制和动力机制”。绝大部分学者持有以上相同或相似的观点。

通过对青年志愿者各项具体活动内容的比较研究，以及对青年志愿者行动运行机制的分析，中国青少年研究中心、团中央青年志愿者行动指导中心课题组在课题成果《中国青年志愿者行动研究报告》中指出我国青年志愿者服务的未来发展态势：第一，“青年志愿者服务的服务内容将更加多样化”，活动的范围和空间将延展到社会的各个领域，从慈善行为和社会救助，到赞助教育、艺术、体育等方面。第二，“青年志愿者的活动方式在继续为大型活动服务的同时，将趋于小型化、个性化，将更加注重实际效果”，个人或组织自发、自觉、针对具体情况而开展的活动的比重将加强。第三，“青年志愿者行动的外部环境将有所改善”，社会关注程度和社会声誉也将大大提高，有关青年志愿者行动的法律支持将趋于完善，在政府拨款、企业赞助的同时，来自社会各界的个人捐款将大大增加。第四，“中国青年志愿者的活动将获得越来越多的国际关注，活动理念和活动方式将逐渐与国际接轨”，我国青年志愿者将走出国门，承担更多的国际义务。谭建光在其《中国志愿服务发展的十大趋势分析》一文中更加详细地指出，我国的志愿者服务将会朝着“志愿服务发展社会化”“志愿服务团体独立化”“志愿服务活动效益化”“志愿服务资金多元化”“志愿服务项目创新化”“志愿服务人员长期化”“志愿服务管理层次化”“志愿服务交往多样化”“志愿服务网络普遍化”“志愿服务保障法制化”这十大趋势发展。

综上，目前国内学术界对志愿服务的研究，多集中于一般青年志愿者行动。而对属于特殊青年群体的大学生志愿者而言，相关研究较少，只有极少数研究者对个别地区的大学生志愿者服务现状做了调查，研究主要提供一些数据分析、现状描述，缺乏对策研究，缺乏对现实具有指导意义的理论总结。本文在借鉴志愿服务及青年志愿者行动研究成果的基础上，主要从当代大学生志愿者活动的角度进行研究，在对“志愿者服务”概念进行界定的基础上，借鉴他人的研究成果，并根据对自己调查数据的处理、访谈资料的整理，分析大学生志愿服务的现状，并针对大学生志愿服务过程中存在的问题，试图提出自己的一些观点。

三、中国大学生志愿服务发展脉络

众所周知，我国的志愿者行动源于 20 世纪 60 年代开始的学雷锋活动。学雷锋就是学习雷锋同志无私奉献、敢于牺牲的高尚情操，发扬雷锋同志不怕苦、不怕累的钉子精神，从而更加自觉地树立正确的人生观、世界观和价值观。回顾历史，1993 年底，共青团中央决定开展中国青年志愿者行动。当年 12 月 19 日，两万余名铁路青年率先打出了“青年志愿者”的旗帜，在京广铁路沿线开展了以为旅客送温暖为主要内容的志愿服务。随后，全国四十余万名大中专院校学生利用寒假时间，在全国主要铁路沿线和车站开展“志愿者新春热心行动”，自此，青年志愿者行动在全国范围内迅速展开。为推动志愿者服务事业的发展，共青团中央于 1994 年 12 月 5 日成立了中国青年志愿者协会，随后，各级青年志愿者协会逐步建立。到 2000 年，我国已初步形成了由全国性志愿者协会、36 个省级协会和 2/3 以上的地(市)级协会及部分县级协会组成的志愿服务组织管理网络。为使志愿服务落实到基层，各级团组织于 1995 年进行了社区青年志愿者服务站建设工作。目前，全国已建立社区青年志愿者服务站共计两万四千余个，“一助一”服务对子达到两百五十万对，各地还建立了一大批青年志愿者服务基地、服务广场。十余万支青年志愿者服务队组成的青年志愿者服务基层组织网络已见雏形。1998 年 8 月，共青团中央青年志愿者行动指导中心正式成立，负责规划、协调、指导全团的青年志愿者服务工作，承担中国青年志愿者协会秘书处的职能。据不完全统计，截至 2007 年 12 月，全国累计已有 2.68 亿多人次的青年和社会公众为社会提供了超过 61 亿小时的志愿服务；按照《中国注册志愿者管理办法》进行注册的志愿者总人数达到 2 511 万。

我国青年志愿者服务从诞生之日起，就默默地为社会、为他人奉献爱心、贡献力量，可以说，该项工作是学习雷锋活动的继承和发展，是新的历史时期赋予青年人的使命，是社会主义精神文明不断深入发展的必然结果。在青年志愿者行动中，有一个重要的群体——大学生志愿者——他们既是我国志愿者队伍的生力军，又是这支队伍的中坚力量。通常，这些大学生具有较高的思想觉悟、热心社会公益事业，他们利用业余时间，结合所学专业知识，向社会、他人提供义务服务，奉献爱心。

四、大学生志愿服务的丰富内容

大学生志愿活动的内容主要包括以下几个方面。

一是科技、文化、卫生下乡活动。自 1994 年以来，共青团中央和各大高校每年组织动员近百万名大学生志愿者深入农村基层和受灾地区，发挥他们的知识智力优势，开展了内容丰富、形式多样的文化、科技、卫生服务，推广农村实用技术，倡导健康文明的生活方式，促进农村的经济和社会发展。截至 2006 年 9 月，全国共有 30 个省、区、市实施了这项计划，累计共有 20 多万名城市青年报名，从中选派了 9 094 名志愿者，受援贫困县达 155 个，覆盖了西部 12 个省、区、市，初步形成了支教、支医两大支柱项目和跨省对口支援、省内发达地区支援欠发达地区等工作模式。

二是环境保护活动。志愿者通过宣传环保知识，从最广泛的层面上唤起社会群体对环境保护的关注，从而动员全社会的力量去解决环保问题。例如，“保护母亲河绿色行动营计划”就体现了这一作用。

三是大型活动中的志愿服务。组织广大青年(以大学生为主力)为大型活动提供志愿服务已逐步成为全国通行的做法。数以万计的大学生志愿者为第四届世界妇女大会、昆明世界园艺博览会、上海《财富》论坛年会等国际、国内大型活动提供了优质高效的志愿服务。大学生志愿者所提供的服务不仅满足了大型活动的需要，同时也展示了大学生们积极、健康、向上的精神风貌，此外，还锻炼了大学生们的组织、沟通、协调能力，全面提高了他们的综合素质，丰富了他们的社会实践经验。

四是社区援助、公益事业和弱势群体帮扶活动。社区是城市的基本功能单位，现代社会职能的发挥，越来越多地依托于社区。大学生志愿活动在社区中的开展，主要是以院系或班级为单位，长期与某一个固定的社区共建，为社区提供免费的法律咨询、健康检查、社区文化建设、义务家教等服务。广大大学生志愿者还将活动的焦点集中于公益事业和对弱势群体的帮助。如以“保护明天”为主题的青年志愿者文化市场监督活动；以孤寡老人、残疾人、生活困难的离退休人员和下岗职工、特困学生、国家优抚对象等困难群众为主要服务对象的“一助一”长期结对服务计划。中国大学生志愿者的行动还闪烁着中华民族传统美德的光芒，体现着城市文明和城市精神。在城市应急保障中，志愿者是一支重要的力量。2008年，时任南京团市委副书记的丁铭同志接受采访时表示南京有注册志愿者50万人，在每次突发事件中，都有志愿者第一时间站出来踊跃参与，他们在无私奉献中传递着人间真情，这些凡人善举感动着我们，让“博爱之都”南京更加可爱。2008年，举国上下抗击雪灾，一批又一批志愿者走上街头、高速公路、车站码头，仅南京市鼓楼区就有400多名志愿者积极参与扫雪、除冰。南京市究竟有多少志愿者参与，无法统计。但是，正如丁铭副书记所说的那样：“统计数字并不重要，重要的是人们感受到了志愿者就在我们身边，感受到了社会大家庭的温暖。”更可贵的是，大雪中，不仅“注册志愿者”在行动，更多的“编外志愿者”涌现出来：车站走不掉的旅客当起了“义务解说员”；年迈的老大爷无偿地为旅客送热水；心理学专业的大学生成了旅客“义务心理疏导员”；放了假的高校教授抡起了铁锹；2008年2月3日，南京多所高校的大学生志愿者放弃寒假休息时间，在繁忙的南京火车站为旅客提供热情周到的服务。

五、当代中国大学生志愿者活动的特点

无论是始于1996年，并于每年暑期进行的百万学子“三下乡”活动，

还是2007年在上海举行的特奥会，无论是以保护和治理黄河为主要目的的“保护母亲河”活动，还是以救助失学女童为主要目的的“春蕾计划”，我国大学生志愿者都积极参与，向世界展示了中国青年热爱公益事业、乐于奉献的崇高品质和良好的精神风貌，大学生志愿者活动在蓬勃开展的过程中形成了鲜明的特征。

（一）鲜明的时代性

当代青年已不是满足于单向灌输式教育的一代，伴随主体意识的普遍觉醒，个体的自主性、独立性、选择性普遍增强，大学生更加崇尚自我激励和自我完善。有关部门主要采取“公开招募、自愿报名、择优录取”的方式，鼓励学生利用其课余时间，参加志愿服务活动。这既充分尊重并体现了当代大学生平等参与的主体意识，也体现了大学生服务社会、奉献社会的整体素质。大学生作为国家未来的建设者，作为社会主义事业的接班人，坚持把社会主义核心价值体系作为活动的根本指南，热心社会公益事业，弘扬社会正气，树立了开拓、进取、创新的服务观念，在服务社会的实践中不断成长，将中华民族助人为乐的传统美德与重视自我实现的时代风尚紧密结合起来，开展了内容丰富、形式多样的志愿者活动，为共建社会主义和谐社会、建设和谐校园贡献了自己的力量，体现了鲜明的时代性。

（二）广泛的参与性

大学生志愿者活动适应时代发展的要求和当代大学生的特点，注重调动大学生的内在积极性，强调三大原则，即“自愿原则”“参与原则”和“讲求实效原则”，活动既符合青年的内在需求，又符合社会发展的外在需要，是完善社会福利和完善自我发展的双向行为，具有十分广泛的群众基础，吸引了广大学生的参与，并在全社会形成了辐射效应。中国青少年研究中心早在1995年的调查显示：在由共青团中央组织发起的青年志愿者行动中，参与该志愿者行动的大学生的比例为73.5％，其中经常参加的占17.6％，有时参加的占37.3％，偶尔参加的为18.6％，从未参加的比例为24.1％。2000年，在接受调查的青年中，从未参加志愿服务的大学生已降到13.6%，参加过1次、3次和6次以上的比例分别达到32.4%、32.0%和22.0%，合计86.4%。通过两组调查数据的比较，我们不难发现，随着时代的发展和志愿服务的深入人心，将有更多的大学生参与到志愿服务中去。虽然志愿活动是一种个体本着自愿精神，自觉参与的公益活动，但是仅依靠个体努力，这种活动很难成为一项具有广泛影响的社会工程。只有将广大志愿者联合起来、组织起来、团结起来，才能形成集体的力量，才能更好地为社会提供服务。

我国大学生志愿者活动以共青团组织为基础，以志愿者协会或是社团为依托开展工作，拥有自己的规章和制度，形成了较具规模的组织体系。在各级党组织的支持与鼓励下，各级团组织为推动青年志愿者事业的发展，开展了大量的卓有成效的工作，各级团干部在组织发动、活动设计等方面付出大量心血和汗水，大学生志愿者活动不断深入，已经成为高校共青团工作的重要组成部分。

（三）广阔的发展道路

大学生志愿者活动既是一项社会实践活动，同时又包含了丰富而深刻的思想政治教育内涵，具有"服务他人、教育自我、优化社会环境"三位一体的功能。大学生在志愿活动中积累大量的社会实践经验，提高自身的综合素质，实现个人的人生价值，志愿者活动已成为我国高等学校改善和加强大学生思想政治教育工作的重要载体。随着社会经济的全面发展，国际间的合作愈加广泛和密切，大学生志愿者活动作为一项与国际接轨的事业，在许多国际重要会议和重大赛事中都发挥了重要作用。许多志愿者还走出国门，承担国际义务。如，2004年雅典奥运会，雅典奥组委从全球近18万报名者中筛选出约6万名志愿者，其中有7人为中国大学生；又如，中国国家汉语国际推广领导小组办公室每年都会从报名的志愿者中筛选出佼佼者，派往世界各地，进行汉语义务教学，为汉语在世界的传播与发展做出了自己的贡献。

六、大学生志愿服务的功能与意义

2000年1月16日，江泽民同志对杰出青年志愿者的来信做出重要的批示，他指出："青年志愿者行动，是当代社会主义中国一项十分高尚的事业，体现了中华民族助人为乐和扶贫济困的传统美德，是大有希望的事业。努力进行好这项事业，有利于在全社会树立奉献、友爱、互助、进步的时代新风。"[①]并希望广大大学生志愿者"在新的世纪里继续努力，发扬中国青年的光荣传统，不懈奋斗，不断创造，奋勇前进，为实现中华民族的伟大复兴作出新的更大的贡献"。大学生志愿者活动具有以下重要功能。

（一）大学生志愿者服务是促进校园精神文明建设的重要载体

高校精神文明建设是社会主义精神文明建设的重要组成部分，大学生志愿者服务是高校精神文明建设的重要内容，大学生志愿者在高校精神文明建设中，既是主体，又是客体，具有两重性的特点，是主客体的统一。大学生是高校精神文明建设的主体——高校精神文明建设离不开大学生的积极参与，离不开全体大学生的共同努力；同时，大学生也是高校精神文明建设的客体——高校精神文明建设的根本任务，是适应社会主义现代化建设的需要，把当代大学生培养成为"有理想、有道德、有文化、有纪律"的四有新人，全面提高大学生的思想道德素质和科学文化素质。大学生志愿者在校园里开展各种有计划、有组织的志愿活动，营造了一种和谐的道德氛围。这种氛围反映了社会主义道德要求在校园道德交往中的具体表现，它集中体现为学校师生员工在校园内处理和调节个人与他人、个人与集体、个人与社会、个人与自然的关系，反映了校园道德舆论对师生员工道德行为的监督；反映了学校师生员工对社会道德规范的掌握与履行；反映了学校师生员工对道德目标、道德价值的选择与追求；反映了师生员工对学校优良道德传统的继承和发扬。师生员工在这种道德氛

① 见《江泽民同志对青年志愿者行动寄于厚望》（中国新闻网，2000年1月18日）。

围中耳濡目染，受到潜移默化的熏陶，逐步自觉地将自己纳入这种道德环境中，能动地与校园道德环境良性互动。实践证明，大学生志愿者通过各种活动，参与社会主义精神文明建设，收到良好的效果，受到社会的好评，无论是活动内容，还是活动形式，都符合十四届六中全会“各项精神文明创建活动，都要同解决人民群众普遍关心的实际问题，同促进经济发展和社会进步紧密结合”的精神。例如，徐州某高校医学院学生团支部利用周末时间，组成志愿者服务团，走上街头，走进社区，积极开展医疗志愿者服务行动。他们在社区中开展专题讲座，发放医疗宣传资料，普及医疗卫生保健常识，倡导健康文明的生活方式。在此过程中，服务团还把志愿服务与奥运契机相结合，利用奥运主题，开展体育运动伤害小常识的宣传工作。在提高市民身体素质的同时，还促进了市民对奥运体育项目的了解，可谓一举两得。

（二）大学生志愿者活动是全面提高大学生综合素质的重要途径

1. 提高大学生思想政治素质。思想政治素质在大学生综合素质中，具有统帅地位，对大学生的人生发展起着导航作用。这要求大学生应具备马克思主义世界观，正确的政治观，科学的人生价值观和社会主义的道德观。当前，我国大学生思想政治状况的主流是积极、健康、向上的。但是，在发展社会主义市场经济和对外开放的条件下，在各种思想文化相互激荡的环境中，大学生思想活动的独立性、选择性、多变性、差异性明显增强，受到各种思想文化的影响明显增多，在一部分大学生中也存在一些突出的思想问题，主要是：有的政治信仰迷茫、理想信念模糊，有的社会责任感不强、团结协作意识较差，有的艰苦奋斗精神不足、心理素质脆弱，有的受到拜金主义、享乐主义、极端个人主义影响较深。这些问题的存在，不利于大学生身心健康发展。志愿者活动能够帮助大学生了解国情、民情、校情，从而培养他们的社会责任感，帮助大学生树立正确的政治方向，激发热爱社会主义祖国的高尚情感。实践证明，许多长期坚持参加志愿者活动的大学生，他们的思想觉悟水平得到极大的提高，在大学生群体中具有先进模范的表率作用，对其他大学生产生积极的、正面的影响。

2. 提高大学生的道德素质。大学生志愿者活动，是大学生为实现其道德全面发展所采取的自我道德教育、自我道德修养的过程，也是大学生个体道德发展由不完善状态向较完善状态变化的过程。大学生志愿者活动促进大学生的道德完善主要通过两个途径来实现。一是大学生志愿者活动与改造客观世界的社会实践相联系，其目的是推动社会主义物质文明和精神文明的建设与发展；二是大学生志愿者活动与自身具体的道德实践相联系，其目的是培养大学生正确的道德认识、高尚的道德情感、坚强的道德意志、坚定的道德信念、良好的道德行为习惯，将外在的道德要求逐步转化为大学生个体内在的道德品质。大学生志愿者走出国门、走向世界，走入社会、走入社区、走入农村，运用自己所学的专业知识和技能，为我国城乡居民及世界落后国家和地区的民众开展科普宣传、文化教育、专业技能的服务活动。这些内容丰富、形式多样的活动，创造了生动活泼的思想道德教育和道德实践的情境，使大学生志愿者在潜移默化中受到教育和培养，其效果是课堂教育所无法比拟的。

3. 促进大学生专业知识的学习应用及各方面能力的提高。大学生志愿者活动内容丰富、形式多样，与大学生所学专业知识有着密切的联系，它根据高校和社会自身发展的需要，结合大学生志愿者的实际与特点，有目的、有计划、有组织、有针对性地在校园内外开展各种类型的志愿者活动。例如：医科大学学生可以提供医学科普知识的宣传，卫生、医疗诊断、治疗、防病、康复等方面的咨询与服务；理工科学生可以提供家电维修服务；师范院校的学生可以根据自己的专业特点，为弱势群体、贫困地区的中小学生教育提供支援等。开展这些活动，需要大学生应用所学习和掌握的专业知识与技能，提供专业性的服务，在各项具体的志愿服务活动中，大学生们可以发挥自己的专业特长，将课堂上学习到的理论，联系生活实际，服务社会。这种社会实践活动对促进大学生学习进步的效果十分显著。

此外，志愿者活动为培养和锻炼大学生的综合能力，创造和提供了内容丰富、形式多样的活动载体与实践机会，大学生们可以通过培训，学习新的知识和技能，增强责任感和职业精神，锻炼和提高自己的思维能力、表达能力、辨别是非的能力、动手能力、社会适应能力、社会交往能力、竞争与合作能力、解决实际问题的能力、组织管理与协调能力、创造能力等。许多大学生志愿者认为志愿者活动，是培养提高大学生综合能力的有效载体，使他们的能力素质不断充实、完善、提高。例如，2008 北京奥运会共招募志愿者 33 万人，其中直接参加奥运会的约有 7 万人，参加残奥会的约 3 万人。北京奥组委通过远程、面授、实践等方式，对志愿者进行通用、专业、场馆、岗位四方面的培训。内容包括奥林匹克基本知识、北京奥运会和残奥会概况、中国历史及传统文化、北京历史及文化生活、残疾人服务知识和技能、礼仪规范、医学常识及急救技能、场馆功能、场馆内比赛相关知识、内部设施、组织结构、规章制度、岗位职责、工作任务、业务流程、操作规范等各方面的培训。

（三）大学生志愿者活动是建设校园文化的重要方式

《中共中央国务院关于进一步加强和改进大学生思想政治教育的意见》指出："校园文化具有重要的育人功能，要建设体现社会主义特点、时代特征和学校特色的校园文化，形成优良的校风、教风和学风。"大学生通过参加志愿活动，以积极、乐观的态度奉献自己的爱心、感染他人，在让他人得到帮助的同时，树立起对生命价值、人生和社会的一种积极态度。各志愿活动社团通过组织丰富多彩的志愿活动，不仅仅丰富了同学们的课余生活，更为重要的是引导和帮助广大青年学子树立正确的世界观、人生观和价值观，接受中华民族的传统美德，弘扬社会主义主旋律，不断满足大学生日益增长的精神文化需求，为培养社会主义合格建设者和优秀接班人提供了强大的精神动力和保障，使高校成为发展中国特色社会主义先进文化的重要基地、示范区和辐射源。例如，1993 年 11 月，一群充满热心和爱心的同学自发组织成立了北京某高校第一个志愿服务类学生社团爱心社。爱心社的成立，源于一场扫雪活动，成立初期，仅有六名成员，时至今日，爱心社已成长为一个组织严谨、校内外颇有影响的学生社团，拥有成员近千名。爱心社的活动也不再局限于清扫积雪，而是将触角深入到社会需要的每一个角落。

（四）大学生志愿者活动是满足大学生发展需要的重要手段

每个人都有参与社会事务的权利和促进社会进步的能力，同样，每个人都有促进社会进步繁荣的义务及责任，大学生也不例外，参与志愿服务就是行使权利履行义务的积极有效的形式。参与志愿服务，既是在帮助他人，服务社会，同时也是在传递爱心与传播文明。根据马斯洛的需要层次理论，自我实现是人的最高需要。志愿服务作为一种超越现实利益之外的行为，扩展了志愿者对人和社会的理解，推动人类以一种乐观向上的态度追求进步和完美。最终，人们这种默默无闻的自我实现汇集成历史发展的洪流，从根本上促进社会的进步与发展。与此同时，大学生志愿者自身也得到了提高和发展，精神和心灵得到满足。大学生志愿者正是在这样的活动中，实现了自我价值的追求。例如某高校历史系学生小刘，父亲早逝，母亲多病，家境贫寒，在好心人的资助下，2003 年考入大学，入校后她加入了义务服务总队，积极投身回报社会的活动。小刘多次到民工子弟学校支教并组织义卖为民工子弟学校筹款、筹集图书，到国家博物馆担任义务讲解员，组织同学义务献血，开设社区英语课程。此外，她还筹集 12 710 元捐款，设立“默涵助学金”，资助贫困学生 41 名。小刘在志愿服务中的突出表现得到了学校的嘉奖。小刘认为，自己很幸福，也很幸运，因为她每做一件事就得到大家的认可。同学们也纷纷表示，小刘的感人事迹体现了义务服务总队“物质支持、精神鼓励、能力建设、回馈社会”的核心和本质，是大学生自我价值和社会价值的有机结合。

志愿服务作为一种不计物质报酬，自愿参与，推动人类发展与进步的活动，已经成为人类社会生活的重要组成部分，有着非常重要的意义。在中国，大学生志愿者作为志愿服务的重要参与主体，在志愿服务中起到了举足轻重的作用，主要可从社会、大学生志愿者、受助对象三个角度来考虑。第一，对社会而言。一是传递爱心，传播文明。大学生志愿者把爱心和关怀带给社会，这种爱心和关怀从一个人身上传到另一个人身上，最终会汇聚成一股强大的社会暖流，使更多的人投入到这项工作中来。二是有助于建立和谐社会。大学生志愿者活动为人们提供了社交和互相帮助的机会。有助于加强人与人之间的交往及关怀，拉近彼此间的距离，促进社会和谐发展。三是促进社会进步。社会的进步需要公众的共同参与和努力，志愿工作正是鼓励越来越多的人参与到服务社会的行列中来。已有的资料显示，在经济发达的西方国家，志愿服务在发展规模、公众参与程度、机制健全程度等方面，都远远高于发展中国家，这也符合马斯洛的需要层次理论。第二，对大学生志愿者个人而言。大学生志愿者通过参与志愿活动，能够不计个人得失，尽公民的责任和义务，向社会奉献爱心，同时，志愿活动有助于大学生丰富生活体验，提高思想境界。大学生志愿者利用课余时间，参与有意义的志愿活动，可扩大自己的生活圈子，加深对社会的认识，这对大学生志愿者自身的成长和提高是十分有益的。志愿活动作为改进和加强大学生思想政治教育工作的重要载体，既是助人，亦是助己，既是乐人，亦是乐己，在传播爱心和人类文明，推动人类社会进步的同时，能够为广大青年学子提供在实践中锻炼成长的广阔舞台，可以培养大学生的道德情感和道德意识，树立"人人为我，我为人人"的基本道德观念，提高当代大学生参与社会实践的能力，增强大学生的社会责任感和主人翁意识。此外，志愿活动还能够有效地调动广大学生参与和谐校园建设的内在积极性，在青年主体意识觉醒的带动下，号召更多学生自觉投身于和谐校园的建设，这无疑会成为最大限度发挥校园整体效应的强大动力支持，并在此过程中促使大学生不断发展和完善人格修养，培养学以致用的综合素质人才，从而更好地反作用于校园建设，在这样的良性互动循环中，教育因素与非教育因素能够通过志愿者服务达到有效的结合。第三，对接受志愿服务的对象而言。服务对象在接受个人化服务的同时，能够更好地融入社会，增强社会归属感。同时，志愿者以亲切的关怀和鼓励，帮助服务对象减轻接受服务时的自卑感和疏远感，从而使其建立自尊心和自信心。

大学生志愿服务存在的主要问题及对策研究

大学生志愿者作为我国志愿者群体的中坚力量，在扶贫、环保、医疗卫生、大型活动等领域提供了大量的服务，向世人展示中国大学生风采的同时，在服务经济建设与构建社会道德等方面也发挥了积极作用。但是，目前我国大学生志愿者活动中还存在诸多问题。笔者曾以大学生志愿者活动中存在的问题为主线，选取江苏地区八所高校，运用问卷调查、非标准化访谈等方式收集资料，同时，为更加准确地把握这一问题，笔者走访了部分高校团委、青年志愿者协会及部分院系团委，对分管老师及部分大学生志愿者进行访谈，发现问题主要集中在以下几点。

一、来自大学生自身的问题

(一)缺乏对志愿者活动内涵的正确理解

调查发现大学生对志愿者活动内涵的认知存有一定的偏差。关于“你是否了解志愿者活动的内涵”这个问题,调查结果显示:98.93%的同学(371人)选择“是”,但同时,又有22.4%的同学(84人)将志愿活动等同于“学雷锋”,还有极少部分同学认为这是一项“形式主义的活动”。这种情况产生的主要原因是缺乏对志愿者活动本身的宣传,活动组织者往往把活动内容、如何开展等问题视为工作重点,而忽视了对志愿者活动本身所倡导的“人类高尚的志愿精神”“志愿活动的意义”等一些理念的宣传,导致相当一部分大学生对志愿者活动的理解不够准确,甚至有庸俗化的倾向,在参加志愿服务时往往只考虑个人的需要,而忽视了社会的需要,这种误解会削弱人们对志愿者活动积极、准确的评价。

(二)在认知和行为之间存在矛盾性

通过调查,笔者发现大学生在志愿者活动的认知和实际行为之间存在许多矛盾之处。在思想观念上,绝大部分大学生有较强的社会责任感,愿意尽其所能为社会做出奉献。在被问到“你参加志愿者服务的原因”时,选择“帮助他人,奉献社会”的有357人次,在所给选项中,所占比例最高。在回答“你是否愿意继续参加志愿者活动”时,选择“非常愿意”的同学有77人,占参加过志愿者活动人数的40.31%,选择“愿意”的同学有98人,占44.75%。同时,又有44.53%接受调查的大学生(167人)表示“不能坚持经常性地参与志愿服务”。通过座谈,笔者发现,许多大学生的志愿行为只是一两次的临时性活动,不具有长期性,同学们对于学校活动的安排、活动的数量、活动的效果并不是非常满意。

二、来自志愿者组织的问题

（一）缺乏完善的活动机制

一方面，在各项志愿者活动中，大学生的自主性和选择性常被忽视，不少志愿活动都是由上级组织提出，下级组织负责安排落实，多为院系或班级活动，其中缺少协调与沟通，缺乏宣传与动员，这种近似摊派任务的做法，在一定程度上脱离了志愿服务"自愿"的基本原则，难以满足大学生需要，易引发大学生叛逆和抵触的情绪，使得志愿服务自身的吸引力和工作的成效大打折扣。目前一些高校志愿者组织的负责人在认识上存在偏差，仅仅将高校志愿者工作视作共青团组织日常工作的一部分，忽视了它最重要的精神内涵和思想教育作用。这种认识的偏差一是导致高校对大学生志愿者工作的重视程度不够，没有在政策、人力、经费等方面形成有效的保障；二是致使行政力量干预志愿者工作，破坏了志愿服务的精神内涵。另一方面，志愿活动中忽视组织目标设计，不少活动目标仅仅停留在口号宣传上，一些活动目标定位过于简单，活动目标缺乏挑战性和吸引力，难以调动大学生的积极性，难以发挥他们的凝聚力。例如，高校在进行环保宣传、法律宣传、爱国主义教育等活动时，常拟出一个口号，进行签名活动，或是散发宣传品。此类活动中，活动组织者只关注活动的过程，宣传活动结束，他们的任务就完成了，这样的简单定位忽视了志愿活动"助人"与"自助"的精神，没有深入思考志愿活动到底要达到何种效果。

（二）缺乏相应的激励机制

在大学生志愿者活动中，组织者往往对活动内容进行大力宣传，对于活动效果缺乏评价，主要表现在缺乏激励机制和动力机制，干好干坏一个样，干多干少一个样。许多志愿活动流于形式，缺乏一定的保障和激励机制，导致志愿者的积极性随入校时间的增加呈锐减的趋势。例如，一些大学生志愿者社团在成立之初，参加人数和活动积极性都较高。但是随着时间的推移，实际坚持下来的往往只是少数，出现了大学生渴望参与志愿活动，但实际行动又不够坚定的矛盾现象。

在美国，大学的社会实践项目异常丰富多彩，许多学校已把社区服务要求纳入学校的必修课程，越来越多的高中与大学要求学生从事社区服务。作为对大学生志愿者的激励，至少有69所高中或大学为在美国志愿队里服务过的学生提供学费补助、学分或其他援助。激励被认为是“最伟大的管理原理”，美国哈佛大学的詹姆斯教授在多年研究的基础上指出：如果没有激励，一个人的能力发挥将仅为20%～30%；如果施以适当的激励，将通过其自身努力使能力发挥出80%～90%。我们可以大胆推测，如果这个问题能得到有效解决，我国大学生志愿者活动定会开拓全新局面。

三、来自社会的问题

（一）大学生志愿者活动缺乏法律保障

志愿者服务在很多情况下是存在风险的。最大的风险是志愿者的伤亡事件——2002年12月，年仅21岁的冯勇在参加可可西里的志愿服务行动时不幸遇难，而社会对他的死亡却无法给予有效的补偿，什么机构应该对此负责？如何解决补偿问题？这一事件给中国逐渐兴起的志愿者行动敲了一记警钟。从高校的情况看，大学生从事志愿者行动的权利和义务是模糊的，管理者对大学生志愿者行动的管理、培训和项目评估不足，缺乏预防处理风险和事故的能力，学校很少为志愿者提供人身、医疗保险。此外，大学生志愿者行动缺乏法律保护，一旦有志愿者在公益活动中出现意外伤亡，竟没有一部法律可以提供有效保护，志愿者组织和志愿者双方都无法可依。

志愿服务涉及志愿者、被服务对象、志愿者组织三方。在服务与被服务过程中，难免会出现一方侵犯另一方权益的情况，这些都需要完善的机制来解决。全国政协常委、外事委员会主任田曾佩阐述：“中国志愿服务事业深入、持久的发展，需要以法律的形式加以规范和保障。比如，承认志愿服务在社会保障和社会服务体系中的作用，规定志愿者的权利、义务，对志愿组织在筹集社会资金方面给予政策倾斜等。”换言之，我们正面对这样的事实：对大学生志愿者的权益保障，在宏观上没有相关法律，在微观上没有相应政策，这将对整个大学生志愿者行动产生负面影响。

（二）大学生志愿者活动缺乏相应的社会支持

首先，大学生志愿者活动缺乏社会的充分认可。在西方发达国家，志愿者活动的价值得到了社会的广泛认可，具有很高的社会评价。在我国，大学生志愿者活动的社会意义往往被低估，一些单位的工作人员还停留在志愿者行动就是免费服务的狭隘观念，认为志愿者就是不计个人得失来提供免费义务服务的，因此他们常常把大学生志愿者当成免费的劳动力，随意指派一些杂活的现象屡见不鲜。在就业时，用人单位对于大学生志愿者也缺少认同，最明显的表现就是在招聘大学生时，党员和学生干部的身份常常被视为能力的见证，而大学生参加志愿者活动的经历则往往被忽略。

其次，大学生志愿者活动缺乏社会资金支持。当前大学生志愿者活动面临的另一个严峻问题是资金短缺。我国到目前为止还没有形成一个良好的志愿服务保障机制，多数还是要通过政府解决资金问题，这给志愿活动的发展造成很大的障碍，而那些民间的慈善组织要获得足够的资金更是困难。只有充分调动社会的力量，形成完善的保障机制，中国的志愿者服务活动才能真正地走上良性发展的道路。中国国家发展和改革委员会宏观经济研究院研究员丁元竹指出：“资金短缺成为中国几乎所有志愿者组织面临的难题，我认为这是一个短期内很难解决的问题。它需要通过税收改革、财富的二次分配转移到社会领域中来解决。”虽然大学生志愿服务多是无偿服务，但随着社会服务需要的增多，服务成本和资金的投入也必然随之增加，一些成本费用，比如交通费、用餐费、材料费等必需的物质资源不应由参与志愿者行动的大学生来承担，不应让志愿者的利益在服务中受到侵害。在经费的筹措上，高校团组织普遍重视行政划拨，轻视社会募集。目前大学生志愿者行动大多依靠团组织开展活动，其经费来源多为共青团工作经费或通过团组织上报活动项目，向学校和校外的单位争取费用和场地支持，很少通过社会来募集资金，难以有效地利用大学生志愿者的品牌效应和社会效应取得企事业单位或社会公众的认同和支持，导致资金来源渠道单一、物质依托欠缺，影响了大学生志愿者行动的效果和可持续发展。

四、提升对策

大学生志愿者活动中存在的这些问题严重制约着我国大学生志愿服务的发展。为从根本上使大学生志愿者活动走出困境，我们必须采取积极有效的措施，为大学生志愿服务营造良好的发展环境，推进志愿服务事业长足发展。结合实际工作经验，笔者认为解决当前大学生志愿者活动中存在问题的对策主要集中在以下几点。

第一、政府需加大扶持力度、加强政策支撑、完善法律法规

当前，我国青年志愿者活动有了长足发展，党中央的倡导与共青团在广大青年中的组织力、凝聚力和亲和力为中国大学生志愿者活动提供了强大的组织资源，为大学生志愿者活动的深入发展提供了保障，并成为最重要的推动力量。政府的扶植与支持对青年志愿者行动是至关紧要的，虽然志愿活动就其实质而言是一种非政府行为，但政府的推动、支持与扶植，对志愿活动的开展有着重要的意义。虽然青年志愿者行动已经产生了越来越大的社会影响，但是其进一步发展仍需政府的大力推动，中国的特殊国情决定了中国的青年志愿者行动要在许多方面大胆创新，走出一条新路，而这一切都离不开政府的支持，在今后大学生志愿活动的开展中，应着重加强政府对志愿者在社会政策、法律环境方面的支持。

目前，我国政府对如何开展和完善志愿者工作还没有建立一套完善的法规，对志愿者的活动和志愿者的管理也没有提出系统的综合性的政策。这造成了志愿者仍然得不到社会的广泛认可，他们开展的志愿活动得不到社会的广泛支持，对志愿者的管理既不稳定也不规范。如何为志

愿者创造一个良好的政策、法律环境是亟待解决的一个问题。

从世界范围看，对公民参与志愿服务提出要求并制定相关的法律法规具有普遍性。在英美发达国家，对于公民参加无偿的社会服务活动是有明确的《公民服务法》或《劳动法》保障的，一个组织不能用无偿的志愿者替代有报酬的员工。美国就业法规定，如果一个人看起来像一个雇员，实际上也是雇员，那么他或她就应当享受雇员的工资和福利待遇。这是为了保护志愿者免受剥削和免被滥用，同时也保护受薪雇员而做的努力。

广东省曾在1999年最早颁布了《广东省青年志愿服务条例》，这无疑是对青年志愿者及组织合法权益的一种保障，然而条例中所称的青年志愿者是指“在青年志愿者协会登记，参加志愿服务的成员”，至于那些民间自发组织和个人的志愿行为的权益，则难得到保障。丁元竹说：“到目前为止我国还没有专门针对志愿者或志愿服务的国家法律法规，只有一些地方制定了一些条例，法律约束的能力较低。”

第二、社会应给予大学生志愿者活动大力关注及必要的资金扶持

在市场经济发达的西方国家，“志愿者”具有很高的社会评价，志愿工作的价值得到社会的广泛认可，政府部门、志愿机构和社会各界人士都热心义务工作，政府大力投资志愿组织并给予政策上的扶持，企业为塑造良好的公益形象而积极资助公益事业，非志愿机构为人们参与义务工作提供机会、培训和嘉奖，从而形成了政府、志愿机构和企业互相协调互相补充的社会服务体系。而在我国，由于志愿者活动开展时间较晚，以及社会转型时期人们复杂的社会心态，使得社会公益活动难以深入人心，难以激发起全民的互助意识。在这样的心理作用下，志愿者活动的社会意义往往被低估，人们只是简单地将之等同于“学雷锋做好事”，企业界对于志愿者创造的社会效益也缺少认同，甚至某些企业将志愿者等同于免费或廉价劳动力，这种思想观念不仅直接打击了大学生志愿服务的热情，也违背了志愿服务的精神内涵。

此外，在西方发达国家，志愿者组织拥有比较稳定的资金来源。以美国为例，志愿者活动的资金最主要的来源是捐助和遗赠，其中90%左右

的资金是经常性的慈善福利基金。美国志愿者组织的另外一个重要资金来源是公司基金和科学文化福利基金，如福特基金会，它在中国平均每年的经费大约在1 000万～1 500万美元。其中约40%用于扶贫项目和社区发展项目；40%用于"促进和平和社会公正"的目的；20%用于支持教育、媒体、文化和艺术事业的发展。

我国政府非常重视志愿活动的发展，《中共中央关于加强社会主义精神文明建设若干重要问题的决议》指出："要从社会主义现代化建设的全局出发，把精神文明建设纳入经济和社会发展的总体规划，保证必需的资金。"作为高校参与精神文明建设的一种形式，高校青年志愿者活动开展时间不是很长，还没有形成统一的管理与支持体系，开展活动的一些必要的经费也没有固定的来源，就目前情况而言，志愿者活动的经费光靠学校拨款是很难照顾全面的。因此，我们呼吁有实力的企业应勇于承担其社会责任，给予大学生志愿活动必要的资金支持，支持这项具有重要意义的活动顺利开展。

第三、高校应健全大学生志愿者的管理机制，优化志愿者招募，加强志愿者培训并开展有效评估

青年志愿者是代表时代发展潮流，充满生机和活力的有生力量，是社会主义精神文明建设的生力军。在高等学校开展此项工作，既是广大受教育者倡导社会新风、奉献自我、回报社会的方式，同时又是在实践中锻炼自我、自觉成才的途径。广大教育者和各级团组织要高度重视，切实为志愿者创造条件，把开展青年志愿者活动作为深入贯彻实施跨世纪青年工程的有效手段来看待、加强、引导与规划。

高校各级党团组织在招聘志愿者之前应作好规划，明确指明需要哪种类型、具备哪些特殊技能的志愿者以及需要志愿者的人数比例。按照工作规范要求，为每个志愿工作职位编制正式的职务说明书，概述该项工作的任务、责任、时间安排、工作方式以及所需要的知识技能等，使志愿者明白组织希望他们做什么。与此同时，可以设计科学合理的志愿者申请表，以便在招募时要求申请者表明他们的兴趣、特殊技能以及所希望的工

作日程安排和方式，这样使志愿者的兴趣技能与组织工作职位要求相匹配，使志愿者能够“各得其所”，避免在以后工作中出现服务不当、分工不清的问题。

招募志愿者时，组织应先了解志愿者的潜在追求。由于志愿者的动机通常是多元且混合的，而志愿者复杂的动机会限制他们可以做的及将会做的，管理者如果无法配合志愿者复杂的动机，而只安排他们完成组织需要的任务，则将很难招募到新志愿者，而维持原有的志愿团队也较为费力。甄选志愿者时，应选择最适合的人，而不是选择完全符合资格的人。前者是指对那些符合条件者再进一步排序，从中选出最符合职位需求与组织需求的人。只有如此，才能使志愿者各尽所能，发挥自身优势。

志愿者主要是通过志愿活动来满足自身更高层次的需求。因此，组织应为志愿者提供能够丰富其个人经历以及促进其个人发展的工作。如增加工作的复杂性，将相关联的工作任务组合起来，使之成为一种新的、内容更多的工作任务，以增加志愿者工作技能的多样性；加大责任，让志愿者单独负责有独立意义的某一任务或者项目，以强化志愿者的“主人翁”意识；让志愿者接触各种社会层次的服务对象，提高志愿者工作的应变性、自主性和灵敏性；扩大对志愿者的授权范围，增强志愿者工作的自主控制能力；保证志愿者在工作过程中就能够得到志愿服务对象或同事对其工作的认可（即工作绩效）的信息。通过这些措施，志愿者能够最大限度地发挥自主性、创造性，能够从工作本身得到直接的反馈，获得成就感。与此同时，应经过培训，使志愿者熟悉和适应组织的使命与目标，提高专业知识技能，或通过配备职业导师为志愿者提供指导，帮助他们解决工作中的疑难问题，这样可以激发志愿者潜能，使他们具备执行任务所必备的技巧与知识，从而提升服务能力，促进服务动机与士气，增强服务效果。

此外，组织应对志愿者的工作成绩进行及时的认可和奖励。除了年度的表彰大会外，真诚地征求志愿者的意见，倾听志愿者的心声，体谅志愿者的时间安排，提供较佳的工作条件等都是奖励的形式与方法，还可以让优秀志愿者充当培训讲师，组织指导宣传团及志愿事迹宣传报告等。这些方式不仅代表了组织对大学生志愿者的重视程度，更重要的是可以提高志愿者的荣誉感，激发其工作热情与满意度。同时还应对志愿者的工作进行适当的评估，目的是为志愿者及时提供反馈并为志愿者改进工作、提高技能和未来发展提供指导，对于个别不能满足组织要求的志愿者，可以采取重新分派工作或进行再培训等措施，以便进行妥善安置。

第四、大学生志愿者需要自我完善和发展

志愿活动为大学生施展才华、奉献爱心提供了机会，通过参加志愿服务活动，大学生的公民意识、社会责任感得到加强，艰苦奋斗、踏实敬业、热心奉献、服务他人的精神和社会实践能力得到提高。大学生除了要具备良好的教育水平和终身学习的态度外，更重要的是要具备良好的职业能力和个人责任心，包括沟通能力、团队工作能力、敬业精神、独立解决问题的能力等。进入 21 世纪，国际交流日益增多，将会有越来越多的高校志愿者走出国门，承担更多的国际义务。面对机会与挑战，大学生应放低姿态、虚心学习，增强责任意识，加强能力培训和业务培训，使自身的社会价值得到最大程度的发挥。只有通过学习全面提升自身素质，通过实践全面提高自身能力，通过总结全面升华理想信念，大学生志愿者才能真正适应时代的发展和社会的需要。

参考文献

[1] 艾媒咨询.中国二次元视频行业专题研究报告[EB/OL].2020-3-5.https://www.iimedia.cn/c400/69592.html.

[2] 艾四林.学好用好马克思主义经典著作[N].中国共产党新闻网.2018-5-8. http://theory.people.com.cn/n1/2018/0508/c40531-29970558.html.

[3] 北京志愿者协会.志愿者,你准备好了吗[M].北京:中国国际广播出版社,2006.

[4] 北京志愿者协会.志愿组织建设与管理[M].北京:中国国际广播出版社,2006.

[5] 北京志愿者协会.走进志愿服务[M].北京:中国国际广播出版社,2006.

[6] 蔡宜旦,汪慧.试论青年志愿者参与动机的引导和激励[J].广东青年干部学院学报,2001(4):30-34.

[7] 曹佳.后疫情时代,促进高校毕业生就业的建议[N].中国劳动保障报,2020-7-4.

[8] 常文倩.新型社交平台下的网络侵权行为——以高校热门的“表白墙”为例分析[J].法制博览,2020(6):47-48.

[9] 崔昌淑.日本大学的志愿者活动及对我们的启示[J].黑龙江高教研究,2001(2):74-75.

[10] 陈刚,孙详.关于当前大学生青年志愿者活动的实践与思考[J].合肥工业大学学报(社会科学版),2001(S1):95-98.

[11] 陈青美.新时代大学生社会主义核心价值观教育问题浅析[J].太原城市职业技术学院学报,2019(8):80-82.

[12] 程琼，王洛忠. 新时代高校辅导员核心素养的价值、构成与培育[J]. 学校党建与思想教育，2020(3)：86-89.

[13] 党小勇. 为梦想插上翅膀——高校辅导员工作案例[J]. 当代教育实践与教学研究，2019(14)：131-132.

[14] 丁露. 关于社会主义核心价值观研究现状的文献综述[J]. 宿州教育学院学报，2016.19(4)：11-12+24.

[15] 董博，杨若嘉，凌筱逸. 新媒体时代背景下高校虚拟社区问题规制——以 QQ 表白墙为例[J]. 公关世界，2020(22)：48-49.

[16] 樊秀，赵金元. 高校培育和践行社会主义核心价值观文献综述[J]. 智富时代，2016(S2)：307+309.

[17] 方永辉，陈胜然，王彤. 高等学校辅导员职业能力标准分析[J]. 沈阳农业大学学报(社会科学版)，2016，18(3)：284-287.

[18] 冯刚，郑永廷. 思想政治教育学科发展 30 年研究报告[M]. 北京：光明日报出版社，2014.

[19] 盖逸馨. 在"拔节孕穗期"种下真善美种子[N]. 光明日报特刊，2019-5-21.

[20] 高海燕. 高校辅导员思想政治素质研究综述[J]. 现代交际，2019(18)：126+125.

[21] 高松. 实施"新工科 F 计划"，培养领军人才[J]. 高等工程教育研究，2019(4)：19-25.

[22] 高锡文. 基于协同育人的高校课程思政工作模式研究——以上海高校改革实践为例[J]. 学校党建与思想教育，2017(24)：16-18.

[23] 甘庆君. 浅析社会主义核心价值观中的诚实守信[J]. 科技资讯，2015，13(27)：227+229.

[24] 关锐，侯艺萌，任启文，张春梅. 关于大学生出国留学情况的研究分析及相关问题的解决方案[J]. 中外企业家，2020(5)：191-192.

[25] 国家广电总局. 关于加强动画片引进和播放管理的通知[EB/OL]. 中华人民共和国政府网，3030-3-20. http://www.gov.cn/gongbao/content/2000/content_60451.htm.

[26] 郝建武. 高校辅导员促进大学生就业能力提升路径探究[J]. 教育教学论坛，2020(28)：103-104.

[27] 何成.全面认识和理解"百年未有之大变局"[N].中国共产党新闻网,2020-1-3. http://theory. people. com. cn/n1/2020/0103/c40531-31533088. html.

[28] 贺伟朝.帮扶贫困大学生应力求"三精准"[N].山西日报,2018-6-12.

[29] 侯燕,费拥军.高校新生入学教育需防六种误区[J].中国成人教育,2013(18):22-25.

[30] 胡蓉.我国志愿者的激励机制探讨[J].成都教育学院学报,2006(1):70-72.

[31] 胡树祥,谢玉进.大数据时代的网络思想政治教育[J].思想教育研究.2013(6):60-62+102.

[32] 胡兴祥,刘兴民.关于高校青年志愿者活动的几点思考[J].合肥工业大学学报(社会科学版),2000(3):58-60.

[33] 贾钢涛,闫琼.党在延安时期思想政治教育工作的成功经验[N].人民论坛. 2017-8-4. http://www. rmlt. com. cn/2017/0804/488068. shtml.

[34] 贾静.党员学导制:学生党建工作机制的创新[J].文教资料,2009(31):212-214.

[35] 姜春燕.大学生职业生涯焦虑群体类型及分析[N].中国社会科学网,2019-9-19. http://ex. cssn. cn/zx/bwyc/201809/t20180917_4561156. shtml.

[36] 姜恩来.新媒体环境下的大学生思想政治教育[J].高校理论战线,2009(6):54-56.

[37] 鞠伟,刘博,王瑞瑞,何金先.高校研究生社会主义核心价值观的教育现状及其分析[J].当代教育实践与教学研究,2020(13):74-75.

[38] 康娜,蔡立佳.浅析高校大学生留学规划指导策略[J].教育教学论坛,2019(10):219-220.

[39] 库佳兴,樊瑞科.网络文化消费对大学生社会主义核心价值观培育的双重影响及提升策略[J].石家庄铁道大学学报(社会科学版),2020,14(1):83-89.

[40] 郎瑾,翁震华.大学生留学必备能力探析——基于浙江科技学院中

德联合培养本科生项目的实证研究[J]. 浙江科技学院学报,2020,32(2):162-168.

[41] 李超,庄岩,凌雅娴. 校园"表白墙"缘何成"诈骗墙"[J]. 公民与法(综合版),2020(2):52-53.

[42] 李晨. 培养国际视野,锻造担当民族复兴的新时代青年[N]. 光明时评,2019-4-18. https://guancha.gmw.cn/2019-04/18/content_32754970.htm.

[43] 李海涛. 大学生社会主义核心价值观培育[N]. 学习强国,2019-12-31.

[44] 李怀杰,夏虎. 大数据时代高校思想政治教育模式创新探究[J]. 思想教育研究,2015(5):48-51.

[45] 李康平. 红色资源研究与高校思想政治教育[J]. 高校理论战线,2007(6):43-45.

[40] 李楠. 新时代脱贫攻坚战中的使命与担当[N]. 中国共产党新闻网,2018-8-6. http://theory.people.com.cn/n1/2018/0806/c40531-30210771.html.

[46] 李岩,曾维伦,何海涛. 新媒体环境下的大学生思想政治教育新载体探析[J]. 重庆邮电大学学报(社会科学版),2010,22(5):21-26.

[47] 李泽文. 在"拔节孕穗期"打磨自己[N]. 人民日报,2019-4-18(5).

[49] 栗蕊蕊. 大学生网络文化消费的样态分析与引导策略[J]. 思想理论教育,2020(10):92-96.

[50] 李志斌. 青年党员干部当政治立场坚定[N]. 人民网,2020-5-23. http://yn.people.com.cn/n2/2020/0523/c212284-34037497.html.

[51] 林健. 引领高等教育改革的新工科建设[J]. 中国高等教育,2017(Z2):40-43.

[52] 刘蓉蓉,谭源利,邱月,陈慧,谭永健. 消极情绪对大学生求职行为影响[J]. 现代商贸工业,2016,37(10):94-96.

[53] 刘昱初. 新形势下高校辅导员师风师德建设[J]. 公关世界,2020(18):130-131.

[54] 鲁克,钱洁. 青年志愿者的苦恼与困惑[J]. 中国青年研究,2008(2):16-20.

[55] 鹿奎奎.高校家庭经济困难学生精准资助路径研究[J].湖南邮电职业技术学院学报,2020,19(3):111-113.
[56] 罗树明,杨春华.高校青年志愿者工作的哲学省思[J].黑龙江高教研究,2005(6):141-142.
[57] 马洁,佟丞.论大学生职业生涯规划教育的困境与转型[J].教育与职业,2013(14):88-90.
[58] 匿名用户.QQ 表白墙怎么弄?[N].知乎,2018-3-29.https://www.zhihu.com/question/263696258/answer/353076620.
[59] 谯利平.大学新生面临的适应问题与自我调适[J].四川文理学院学报(社会科学),2007(3):19-21.
[60] 覃永红.精准扶贫视域下高校贫困生思想教育研究[J].教育教学论坛,2020(34):111-112.
[61] 曲奕诺.论社会主义核心价值观视域下的大学生诚信教育[J].广西青年干部学院学报,2020,30(5):62-66.
[62] 全国学生资助管理中心.2019 年中国学生资助发展报告[N].人民日报,2020-5-21.
[63] 冉小风,陈大勇,周杨欢.二次元文化对大学生思想政治教育的影响及应对[J].南方论刊,2021(2):97-99.
[64] 邵文涛,冀怀栋.论大学生志愿者活动的开展[J].山东商业职业技术学院学报,2006(6):50-53.
[65] 沈洁.论新时代高校辅导员的能力结构及其优化[J].教育教学论坛,2020(1):38-39.
[66] 史杨,刘雨.出国(境)交流大学生的行前思想教育探究——以浙江大学为例[J].当代教育实践与教学研究,2019(22):53-54.
[67] 童晗.新时代大学生思想政治教育存在的问题及对策研究[D].遵义医科大学,2019.
[68] 佟瑄.问题与对策:当前大学生的志愿者活动[J].中国青年研究,2001(6):71-72.
[69] 童星,文军.我们的四个误区及其反思——对当前我国维护社会稳定工作的社会学思考[J].学术界,2001(6):61-69.
[70] 王慧,田达志.高校大学生志愿者活动的实践与思考[J].湘潮(下

半月)(理论),2007(5):89-90.
[71] 汪平,梁慧,许宁.新时代高校辅导员核心素养构成与认同的培育机制研究[J].高校辅导员,2020(6):71-76.
[72] 王珊珊.西部志愿者的迷惑[J].记者观察(上半月),2007(5):59-60.
[73] 王舒书.加强大学新生适应性教育的若干思考[J].湖北经济学院学报(人文社会科学版),2009,6(6):151-152.
[74] 王兆征.从十四大到十五大[M].北京:党建读物出版社,1998:245.
[75] 吴晶,胡浩.习近平在全国高校思想政治工作会议上强调把思想政治工作贯穿教育教学全过程开创我国高等教育事业发展新局面[J].中国高等教育,2016(24):5-7.
[76] 吴莉莉.后疫情时代大学新生入学教育创新模式探究[J].安徽商贸职业技术学院学报(社会科学版),2020,19(4):77-80.
[77] 吴丽玫.高职院校学生心理志愿者团队角色效用新探[J].无锡商业职业技术学院学报,2008(1):73-74+81.
[78] 吴荣军.德育生活化视角下的大学生诚信教育[J].江苏高教,2015(3):127-129.
[79] 吴钟和.社会主义核心价值观在大学生中的培育与践行研究[J].现代职业教育,2020(33):218-219.
[80] 习近平.发扬五四精神,不负伟大时代[M].习近平谈治国理政(第三卷).北京:外文出版社,2020:333-338.
[81] 习近平.加快建设世界一流大学和一流学科[M].习近平谈治国理政(第二卷).北京:外文出版社,2017:377-378.
[82] 习近平.决胜全面建成小康社会　夺取新时代中国特色社会主义伟大胜利——在中国共产党第十九次全国代表大会上的报告[N].人民日报,2017-10-28.
[83] 习近平.青年要自觉践行社会主义核心价值观[M].习近平谈治国理政.北京:外文出版社,2014.166-176.
[84] 习近平.用新时代中国特色社会主义思想铸魂育人[M].习近平谈治国理政(第三卷).北京:外文出版社,2020.328-332.
[85] 习近平.在庆祝改革开放 40 周年大会上的讲话[N].人民日报,

2018-12-19.

[86] 习近平.在联合国教科文组织总部的演讲[N].人民日报,2014-3-28.

[87] 习近平.在统筹推进新冠肺炎疫情防控和经济社会发展工作部署会议上的讲话[N].中华人民共和国中央人民政府网站,2020-2-24. http://www.gov.cn/xinwen/2020-02/24/content_5482502.htm.

[88] 习近平.在中央党校建校 80 周年庆祝大会暨 2013 年春季开学典礼上的讲话[N].人民日报,2013-3-3.

[89] 习近平.做党和人民满意的好老师——同北京师范大学师生代表座谈时的讲话[N].人民日报,2014-9-10.

[90] 习近平.在同各界优秀青年代表座谈时的讲话[N].人民日报,2013-5-5.

[91] 习近平.在北京大学师生座谈会上的讲话[N].人民日报,2018-5-3.

[92] 新华社.习近平主持召开学校思想政治理论课教师座谈会强调用新时代中国特色社会主义思想铸魂育人贯彻党的教育方针落实立德树人根本任务[N].人民日报,2019-3-19(1).

[93] 新时代工作室.图解:今年以来,习近平这样论述就业这个最大的民生[N].人民网—中国共产党新闻网,2020-7-8. http://cpc.people.com.cn/n1/2020/0708/c164113-31776031.html.

[94] 徐剑,寇富安.高校青年志愿者工作之现状分析[J].法制与社会,2007(2):579.

[95] 闫蕾,杨乐馨."三全育人"与社会主义核心价值观融入机制探究[J].当代教育论丛,2019(9):8+12.

[96] 闫利利,高地.新时代社会主义建设者和接班人的国际视野培育研究[J].思想政治教育研究,2020,36(6):132-136.

[97] 燕连福,郭世平.论新时代高校辅导员育人"政治要强"[J].高校辅导员,2019(5):22-26.

[98] 杨要杰.新时代高校辅导员的使命担当与发展路径探究[J].河南教育(高教),2019(3):115-117.

[99] 杨杨,李新.新中国 70 年高校辅导员制度的回顾与展望[J].内蒙

古师范大学学报(教育科学版),2019,32(9):13-18+33.
[100] 杨晓东.青年志愿者行动在和谐社会中的作用初探[J].中北大学学报(社会科学版),2007(S1):8-10.
[101] 杨兆强,辛艳伟.高校新生入学教育模式优化研究[J].锦州医科大学学报(社会科学版),2020,18(6):66-70.
[102] 易超英.新时代背景下高校辅导员如何做好大学生就业创业指导工作[J].就业与保障,2020(13):78-79.
[103] 印凯,王颖,李风琴,桂茂兰,张燕军.高等教育普及化背景下赴美留学转向及其动机探析[J].世界教育信息,2020,33(06):48-51.
[104] 俞路石,方梦宇,陈沭."三个课堂"打基础　实践平台长本领—滁州学院创新创业教育纪实[N].中国教育报,2017-12-15.
[105] 于鑫.立德树人维度下的大学生社会主义核心价值观教育研究[J].江西电力职业技术学院学报,2018,31(12):160-161+168.
[106] 余逸群.青年志愿服务的组织建设和保障机制[J].北京青年政治学院学报,2005(3):17-20.
[107] 原智玉,杨广华.中国高校辅导员研究70年:历程、主题和趋势[J].高校辅导员学刊,2019,11(6):70-76.
[108] 张文新.高等教育心理学[M].济南:山东人民出版社,2004.
[109] 张旭红,李树栋,马雯静,刘萌包,文楠.大学校园"表白墙"名誉侵权法律问题调查研究——以兰州部分高校调查数据为例[J].法制博览,2020(34):185-186.
[110] 张育广,王亚煦."90后"大学新生的适应性教育探析[J].广东青年干部学院学报,2010,24(02):61-63.
[111] 赵萱.我国高校学生事务管理中的朋辈教育研究[D].华北电力大学硕士论文,2013.
[112] 郑晋鸣."党员学导制":南京大学新生管理新方法[N].光明日报,2010-10-1.
[113] 郑永廷等.思想政治教育学原理[M].第二版.北京:高等教育出版社,2018.326-338 .
[114] 中国互联网络信息中心.第45次中国互联网络发展状况统计报告[EB/OL].中华人民共和国国家互联网信息办公室官网,2020-4-

28. http://www. cac. gov. cn/2020-04/27/c_1589535470378587. html.

[115] 中国青少年研究中心课题组. 中国青年志愿者行动研究报告[J]. 中国青年研 m 究,2001(2):13-21.

[116] 中共中央国务院. 新时代爱国主义教育实施纲要[M]. 北京:人民出版社,2019.

[117] 中华人民共和国教育部. 教育部等六部门关于做好家庭经济困难学生认定工作的指导意见[EB/OL]. 中华人民共和国教育部网站,2018-10-30. http://www. moe. gov. cn/srcsite/A05/s7505/201811/t20181106_353764. html.

[118] 中华人民共和国教育部. 教育部关于公布 2017 年度普通高等学校本科专业备案和审批结果的通知[R]. 教育部高教函,[2018]4 号.

[119] 中华人民共和国教育部. 教育部关于应对新冠肺炎疫情做好 2020 届全国普通高等学校毕业生就业创业工作的通知[N]. 中华人民共和国教育部官方网站,2020-3-6.

[120] 中华人民共和国教育部,中华人民共和国财政部,中华人民共和国国家发展改革委员会. 统筹推进世界一流大学和一流学科建设实施办法(暂行)[N]. 中国政府网,2017-1-25. http://www. moe. gov. cn/srcsite/A22/moe_843/201701/t20170125_295701. html.

[121] 中华人民共和国教育部. 中央人民政府教育部关于全国工学院调整方案的报告[N]. 人民日报,1952-4-16.

[122] 中央文献出研究室编. 习近平关于青少年和共青团工作论述摘编[M]. 北京:中央文献出版社,2017.

[123] 周围,刘继勇. 大学生志愿者活动与高校精神文明建设[J]. 江西社会科学,2000(12):197-199.

[124] 祖嘉懿. 校园"表白墙"名誉权侵权之探究[J]. 森林公安,2020(1):33-36.

致　谢

本书得以与各位读者见面，要感谢很多人——

我在南京大学电子科学与工程学院已工作整整十三年。过去这些年里，无论工作上，还是生活中，都得到了南京大学以及电子学院众多领导和同事的支持与指导、关心与照顾，特别是在本书出版过程中给予的大力支持。为此，我心怀感恩，在此，一并感谢。

感谢钱文涛、李一凡、严若菲、高子轩、孙明轩等同学在本书出版过程中的建议与帮助。特别感谢李佳灵同学在书稿校对中提出的宝贵意见。感谢我的每一个学生，是他们的一路陪伴，令我收获硕果和友谊，收获成长与感动！

感谢我的父母与家人，是他们给了我毫无保留的爱，为我创造条件，让我一路无忧无虑幸福成长。同时，他们无私的给予我工作上的支持、生活上的照顾，让我的生命更有意义，成为更好的自己。

还要感谢自己。学生工作本身需要很多投入，加之身兼数职，工作异常繁琐忙碌，白天无暇写作，本书绝大部分文字形成于夜深人静或东方肚白之时，个中滋味，唯独自体会。感谢自己勤奋和坚持的态度使本书最终成文。

此外，特别感谢河海大学出版社杜文渊老师在本书编辑、校对、出版过程中给与的大力支持和宝贵意见，正是杜文渊老师极度专业负责的工作态度、耐心热忱的指导和勉励，使得本书顺利出版。感谢布克文化林启荣老师不厌其烦的解答本人关于排版专业领域的各种疑问以及细致入微的排版工作。

最后，我想把这本书作为礼物送给我的儿子。这位小精灵的出现，不仅给我带来无尽的快乐，还让我有机会以母亲的视角，重新审视自己的工作，更加能够体会国家的嘱托和家长的期待，更加努力的做好自己的本职工作，从而更加坚定自己的初心和使命。希望自己能够始终如一，像关爱自己的父母亲人一样，关心爱护每一个学生，做学生成长成才路上的良师益友！

吴信蕾

2021 年 10 月于南京大学潘中来楼

后　记

高校辅导员既是大学生成才路上的重要指导老师，又是大学生成长路上的知心朋友。

还记得本科求学期间，我就立志以做一位光荣的高校辅导员为自己的人生事业追求，希望能在这个平凡又重要的岗位上，为学生答疑解惑，排忧解难，成为他们成长路上的良师益友。

给我决定性影响、使我坚定做出这个重要人生决定的，是我的大学班主任李雪卿老师。那会儿，李老师刚刚研究生毕业留校。和我想象中的大学老师不同，也和我初中、高中时期的老师不同，她不像一个老师，更像是我们的姐姐。她对工作充满责任和热情，经常走进我们的学习和生活。

我记得入学第一天，李老师晚上来到学生公寓，她走访每一间宿舍，和我们所有同学聊天。她很亲切地询问我们有什么困难，需要什么帮助，问我们想不想家，叮嘱我们不管在校园还是外出，都要注意人身和财产安全。至今，我仍清楚地记得，她很形象地说，坏人的脸上从来不写自己是坏人，咱们新校区地处偏僻，仍在建设，同学们一定要保护自己、爱护自己，等等。我们这群感觉被城市“抛弃”、从未离开过父母离开过家的黄毛小丫头们瞬间感觉很温暖。军训期间，李老师不畏酷暑，常常到训练的场地看望我们，询问我们训练苦不苦，适不适应南京炎热的天气等。那时，李老师不仅仅是我们的班主任，还是我们的任课老师，负责《科学社会主义》的教学工作。每次课间，她都会和我们聊她的大学生活，聊我们的专业方向和未来发展，聊她的爱情，聊一些有趣的事儿。

大二时，我因手术住了很长一段时间医院，李老师不仅利用个人资源